最新法律文件解读丛书

# 民事法律文件解读

总第 180 辑(2019.12)

最新法律文件解读丛书编选组　编

人民法院出版社

图书在版编目(CIP)数据

民事法律文件解读. 总第180辑/最新法律文件解读丛书编选组编. -- 北京：人民法院出版社，2019. 12
(最新法律文件解读丛书)
ISBN 978-7-5109-2699-0

Ⅰ. ①民… Ⅱ. ①最… Ⅲ. ①民法-法律解释-中国 ②民事诉讼法-法律解释-中国 Ⅳ. ①D923. 05 ②D925. 105

中国版本图书馆CIP数据核字（2019）第275181号

民事法律文件解读·总第180辑
最新法律文件解读丛书编选组 编

---

责任编辑 丁丽娜
出版发行 人民法院出版社
地　　址 北京市东城区东交民巷27号 邮编 100745
电　　话 (010)67550608(责任编辑) 67550558(发行部查询)
65223677(读者服务部)
客服QQ 2092078039
网　　址 http://www.courtbook.com.cn
E - mail courtbook@sina.com
印　　刷 三河市国英印务有限公司
经　　销 新华书店
开　　本 787毫米×1092毫米 1/16
字　　数 140千字
印　　张 8
版　　次 2019年12月第1版 2019年12月第1次印刷
书　　号 ISBN 978-7-5109-2699-0
定　　价 22.00元

# 卷首语

为统一法律适用和裁判尺度，维护最高人民法院的司法公信力，最高人民法院印发《关于建立法律适用分歧解决机制的实施办法》（以下简称《实施办法》），并于10月28日起正式施行。《实施办法》旨在从审判机制上极力避免本级生效裁判之间发生法律适用分歧，并及时解决本级生效裁判之间业已存在的法律适用分歧。《实施办法》全文共计12条，在分歧解决工作组织体系、分歧解决申请、分歧解决工作流程、分歧解决结果的适用等方面作出了具体规定。《实施办法》明确规定，最高人民法院各业务部门、各高级人民法院和专门人民法院在案件审理与执行过程中，发现最高人民法院生效裁判之间存在法律适用分歧的，或者在审案件作出的裁判结果可能与最高人民法院生效裁判确定的法律适用原则或者标准发生分歧的，应当启动法律适用分歧解决机制，向最高人民法院提出法律适用分歧解决申请。

2019年10月21日，最高人民法院印发《关于依法妥善审理高空抛物、坠物案件的意见》（以下简称《意见》），为有效预防和依法惩治高空抛物、坠物行为，切实维护人民群众“头顶上的安全”，提出16条具体措施。《意见》强调，在民事审判工作中，人民法院要综合运用民事诉讼证据规则，最大限度查找确定直接侵权人并依法判决其承担侵权责任；对于物业服务企业未尽到法定或者约定的义务，造成建筑物及其搁置物、悬挂物发生坠落致使他人损害的，也要追究其侵权责任；物业服务企业隐匿、销毁、篡改或者拒不提供相应证据，导致案件事实难以认定的，应承担相应不利后果。

## 《最新法律文件解读》丛书
## 编　辑　部

范春雪　（010）67550525

姜　峤　（010）67550573

丁丽娜　（010）67550608

张　奎　（010）67550673

路建华　（010）67550660

执行编辑　丁丽娜

邮　　箱　dlnlaw@163.com

# 目 录

**【法律、法律性文件与解读】**



**【司法解释、司法指导性文件与解读】**

[法律、法律性文件与解读]

# 中华人民共和国密码法

（2019 年 10 月 26 日第十三届全国人民代表大会常务委员会第十四次会议通过）

目　录



## 第一章　总　　则

**第一条**　为了规范密码应用和管理，促进密码事业发展，保障网络与信息安全，维护国家安全和社会公共利益，保护公民、法人和其他组织的合法权益，制定本法。

**第二条**　本法所称密码，是指采用特定变换的方法对信息等进行加密保护、安全认证的技术、产品和服务。

**第三条**　密码工作坚持总体国家安全观，遵循统一领导、分级负责，创新发展、服务大局，依法管理、保障安全的原则。

**第四条**　坚持中国共产党对密码工作的领导。中央密码工作领导机构对全国密码工作实行统一领导，制定国家密码工作重大方针政策，统筹协调国家密码重大事项和重要工作，推进国家密码法治建设。

**第五条** 国家密码管理部门负责管理全国的密码工作。县级以上地方各级密码管理部门负责管理本行政区域的密码工作。

国家机关和涉及密码工作的单位在其职责范围内负责本机关、本单位或者本系统的密码工作。

**第六条** 国家对密码实行分类管理。

密码分为核心密码、普通密码和商用密码。

**第七条** 核心密码、普通密码用于保护国家秘密信息，核心密码保护信息的最高密级为绝密级，普通密码保护信息的最高密级为机密级。

核心密码、普通密码属于国家秘密。密码管理部门依照本法和有关法律、行政法规、国家有关规定对核心密码、普通密码实行严格统一管理。

**第八条** 商用密码用于保护不属于国家秘密的信息。

公民、法人和其他组织可以依法使用商用密码保护网络与信息安全。

**第九条** 国家鼓励和支持密码科学技术研究和应用，依法保护密码领域的知识产权，促进密码科学技术进步和创新。

国家加强密码人才培养和队伍建设，对在密码工作中作出突出贡献的组织和个人，按照国家有关规定给予表彰和奖励。

**第十条** 国家采取多种形式加强密码安全教育，将密码安全教育纳入国民教育体系和公务员教育培训体系，增强公民、法人和其他组织的密码安全意识。

**第十一条** 县级以上人民政府应当将密码工作纳入本级国民经济和社会发展规划，所需经费列入本级财政预算。

**第十二条** 任何组织或者个人不得窃取他人加密保护的信息或者非法侵入他人的密码保障系统。

任何组织或者个人不得利用密码从事危害国家安全、社会公共利益、他人合法权益等违法犯罪活动。

## 第二章 核心密码、普通密码

**第十三条** 国家加强核心密码、普通密码的科学规划、管理和使用，加强制度建设，完善管理措施，增强密码安全保障能力。

**第十四条** 在有线、无线通信中传递的国家秘密信息，以及存储、处理国家秘密信息的信息系统，应当依照法律、行政法规和国家有关规定使用核心密码、普通密码进行加密保护、安全认证。

**第十五条** 从事核心密码、普通密码科研、生产、服务、检测、装备、使用和销毁等工作的机构（以下统称密码工作机构）应当按照法律、行政法规、国家有关规定以及核心密码、普通密码标准的要求，建立健全安全管理制度，采取严格的保密措施和保密责任制，确保核心密码、普通密码的安全。

**第十六条** 密码管理部门依法对密码工作机构的核心密码、普通密码工作进行指导、监督和检查，密码工作机构应当配合。

**第十七条** 密码管理部门根据工作需要会同有关部门建立核心密码、普通密码的安全监测预警、安全风险评估、信息通报、重大事项会商和应急处置等协作机制，确保核心密码、普通密码安全管理的协同联动和有序高效。

密码工作机构发现核心密码、普通密码泄密或者影响核心密码、普通密码安全的重大问题、风险隐患的，应当立即采取应对措施，并及时向保密行政管理部门、密码管理部门报告，由保密行政管理部门、密码管理部门会同有关部门组织开展调查、处置，并指导有关密码工作机构及时消除安全隐患。

**第十八条** 国家加强密码工作机构建设，保障其履行工作职责。

国家建立适应核心密码、普通密码工作需要的人员录用、选调、保密、考核、培训、待遇、奖惩、交流、退出等管理制度。

**第十九条** 密码管理部门因工作需要，按照国家有关规定，可以提请公安、交通运输、海关等部门对核心密码、普通密码有关物品和人员提供免检等便利，有关部门应当予以协助。

**第二十条** 密码管理部门和密码工作机构应当建立健全严格的监督和安全审查制度，对其工作人员遵守法律和纪律等情况进行监督，并依法采取必要措施，定期或者不定期组织开展安全审查。

## 第三章 商用密码

**第二十一条** 国家鼓励商用密码技术的研究开发、学术交流、成果转化和推广应用，健全统一、开放、竞争、有序的商用密码市场体系，鼓励和促进商用密码产业发展。

各级人民政府及其有关部门应当遵循非歧视原则，依法平等对待包括外商投资企业在内的商用密码科研、生产、销售、服务、进出口等单位（以下统称商用密码从业单位）。国家鼓励在外商投资过程中基于自愿原则和商业规则开展商用密码技术合作。行政机关及其工作人员不得利用行政手段强制转让商用密码技术。

商用密码的科研、生产、销售、服务和进出口，不得损害国家安全、社会公共利益或者他人合法权益。

**第二十二条** 国家建立和完善商用密码标准体系。

国务院标准化行政主管部门和国家密码管理部门依据各自职责，组织制定商用密码国家标准、行业标准。

国家支持社会团体、企业利用自主创新技术制定高于国家标准、行业标准相关技术要求的商用密码团体标准、企业标准。

**第二十三条** 国家推动参与商用密码国际标准化活动，参与制定商用密码国际标准，推进商用密码中国标准与国外标准之间的转化运用。

国家鼓励企业、社会团体和教育、科研机构等参与商用密码国际标准化活动。

**第二十四条** 商用密码从业单位开展商用密码活动，应当符合有关法律、行政法规、商用密码强制性国家标准以及该从业单位公开标准的技术要求。

国家鼓励商用密码从业单位采用商用密码推荐性国家标准、行业标准，提升商用密码的防护能力，维护用户的合法权益。

**第二十五条** 国家推进商用密码检测认证体系建设，制定商用密码检测认证技术规范、规则，鼓励商用密码从业单位自愿接受商用密码检测认证，提升市场竞争力。

商用密码检测、认证机构应当依法取得相关资质，并依照法律、行政法规的规定和商用密码检测认证技术规范、规则开展商用密码检测认证。

商用密码检测、认证机构应当对其在商用密码检测认证中所知悉的国家秘密和商业秘密承担保密义务。

**第二十六条** 涉及国家安全、国计民生、社会公共利益的商用密码产品，应当依法列入网络关键设备和网络安全专用产品目录，由具备资格的机构检测认证合格后，方可销售或者提供。商用密码产品检测认证适用《中华人民共和国网络安全法》的有关规定，避免重复检测认证。

商用密码服务使用网络关键设备和网络安全专用产品的，应当经商用密码认证机构对该商用密码服务认证合格。

**第二十七条** 法律、行政法规和国家有关规定要求使用商用密码进行保护的关键信息基础设施，其运营者应当使用商用密码进行保护，自行或者委托商用密码检测机构开展商用密码应用安全性评估。商用密码应用安全性评估应当与关键信息基础设施安全检测评估、网络安全等级测评制度相衔接，避免重复评估、测评。

关键信息基础设施的运营者采购涉及商用密码的网络产品和服务，可能影响国家安全的，应当按照《中华人民共和国网络安全法》的规定，通过国家网信部门会同国家密码管理部门等有关部门组织的国家安全审查。

**第二十八条** 国务院商务主管部门、国家密码管理部门依法对涉及国家安全、社会公共利益且具有加密保护功能的商用密码实施进口许可，对涉及国家安全、社会公共利益或者中国承担国际义务的商用密码实施出口管制。商用密码进口许可清单和出口管制清单由国务院商务主管部门会同国家密码管理部门和海关总署制定并公布。

大众消费类产品所采用的商用密码不实行进口许可和出口管制制度。

**第二十九条** 国家密码管理部门对采用商用密码技术从事电子政务电子认证服务的机构进行认定，会同有关部门负责政务活动中使用电子签名、数据电文的管理。

**第三十条** 商用密码领域的行业协会等组织依照法律、行政法规及其章程的规定，为商用密码从业单位提供信息、技术、培训等服务，引导和督促商用密码从业单位依法开展商用密码活动，加强行业自律，推动行业诚信建设，促进行业健康发展。

**第三十一条** 密码管理部门和有关部门建立日常监管和随机抽查相结合的商用密码事中事后监管制度，建立统一的商用密码监督管理信息平台，推进事中事后监管与社会信用体系相衔接，强化商用密码从业单位自律和社会监督。

密码管理部门和有关部门及其工作人员不得要求商用密码从业单位和商用密码检测、认证机构向其披露源代码等密码相关专有信息，并对其在履行职责中知悉的商业秘密和个人隐私严格保密，不得泄露或者非法向他人提供。

## 第四章　法律责任

**第三十二条**　违反本法第十二条规定，窃取他人加密保护的信息，非法侵入他人的密码保障系统，或者利用密码从事危害国家安全、社会公共利益、他人合法权益等违法活动的，由有关部门依照《中华人民共和国网络安全法》和其他有关法律、行政法规的规定追究法律责任。

**第三十三条**　违反本法第十四条规定，未按照要求使用核心密码、普通密码的，由密码管理部门责令改正或者停止违法行为，给予警告；情节严重的，由密码管理部门建议有关国家机关、单位对直接负责的主管人员和其他直接责任人员依法给予处分或者处理。

**第三十四条**　违反本法规定，发生核心密码、普通密码泄密案件的，由保密行政管理部门、密码管理部门建议有关国家机关、单位对直接负责的主管人员和其他直接责任人员依法给予处分或者处理。

违反本法第十七条第二款规定，发现核心密码、普通密码泄密或者影响核心密码、普通密码安全的重大问题、风险隐患，未立即采取应对措施，或者未及时报告的，由保密行政管理部门、密码管理部门建议有关国家机关、单位对直接负责的主管人员和其他直接责任人员依法给予处分或者处理。

**第三十五条**　商用密码检测、认证机构违反本法第二十五条第二款、第三款规定开展商用密码检测认证的，由市场监督管理部门会同密码管理部门责令改正或者停止违法行为，给予警告，没收违法所得；违法所得三十万元以上的，可以并处违法所得一倍以上三倍以下罚款；没有违法所得或者违法所得不足三十万元的，可以并处十万元以上三十万元以下罚款；情节严重的，依法吊销相关资质。

**第三十六条**　违反本法第二十六条规定，销售或者提供未经检测认证或者检测认证不合格的商用密码产品，或者提供未经认证或者认证不合格的商用密码服务的，由市场监督管理部门会同密码管理部门责令改正或者停止违法行为，给予警告，没收违法产品和违法所得；违法所得十万元以上的，可以并处违法所得一倍以上三倍以下罚款；没有违法所得或者违法所得不足十万元的，可以并处三万元以上十万元以下罚款。

**第三十七条** 关键信息基础设施的运营者违反本法第二十七条第一款规定，未按照要求使用商用密码，或者未按照要求开展商用密码应用安全性评估的，由密码管理部门责令改正，给予警告；拒不改正或者导致危害网络安全等后果的，处十万元以上一百万元以下罚款，对直接负责的主管人员处一万元以上十万元以下罚款。

关键信息基础设施的运营者违反本法第二十七条第二款规定，使用未经安全审查或者安全审查未通过的产品或者服务的，由有关主管部门责令停止使用，处采购金额一倍以上十倍以下罚款；对直接负责的主管人员和其他直接责任人员处一万元以上十万元以下罚款。

**第三十八条** 违反本法第二十八条实施进口许可、出口管制的规定，进出口商用密码的，由国务院商务主管部门或者海关依法予以处罚。

**第三十九条** 违反本法第二十九条规定，未经认定从事电子政务电子认证服务的，由密码管理部门责令改正或者停止违法行为，给予警告，没收违法产品和违法所得；违法所得三十万元以上的，可以并处违法所得一倍以上三倍以下罚款；没有违法所得或者违法所得不足三十万元的，可以并处十万元以上三十万元以下罚款。

**第四十条** 密码管理部门和有关部门、单位的工作人员在密码工作中滥用职权、玩忽职守、徇私舞弊，或者泄露、非法向他人提供在履行职责中知悉的商业秘密和个人隐私的，依法给予处分。

**第四十一条** 违反本法规定，构成犯罪的，依法追究刑事责任；给他人造成损害的，依法承担民事责任。

## 第五章　附　　则

**第四十二条** 国家密码管理部门依照法律、行政法规的规定，制定密码管理规章。

**第四十三条** 中国人民解放军和中国人民武装警察部队的密码工作管理办法，由中央军事委员会根据本法制定。

**第四十四条** 本法自2020年1月1日起施行。

# 关于《中华人民共和国密码法（草案）》的说明

——2019年6月25日在第十三届全国人民代表大会常务委员会第十一次会议上

国家密码管理局局长 李兆宗

**委员长、各位副委员长、秘书长、各位委员：**

我受国务院委托，现对《中华人民共和国密码法（草案）》作说明。

## 一、立法的必要性

密码工作是党和国家的一项特殊重要工作，直接关系国家安全，密码在我国革命、建设、改革各个历史时期，都发挥了不可替代的重要作用。进入新时代，密码工作面临着许多新的机遇和挑战，担负着更加繁重的保障和管理任务，制定一部密码领域综合性、基础性法律，十分必要。一是核心密码和普通密码维护国家安全方面的基本制度、密码管理部门和密码工作机构及其工作人员开展核心密码和普通密码工作的保障措施等，需要通过国家立法予以明确，进一步提升法治化保障水平。二是近年来密码在维护国家安全、促进经济社会发展、保护人民群众利益方面发挥越来越重要的作用，国家对重要领域商用密码的应用、基础支撑能力的提升以及安全性评估、审查制度等不断提出明确要求，需要及时上升为法律规范。三是传统对商用密码实行全环节许可管理的手段已不适应职能转变和“放管服”改革要求，亟需在立法层面重塑现行商用密码管理制度。全国人大常委会和国务院将制定密码法列入了立法工作计划。

2017 年 4 月至 5 月，国家密码管理局将《中华人民共和国密码法（草案征求意见稿）》向社会公开征求了意见，并于 2017 年 6 月向国务院报送了《中华人民共和国密码法（草案送审稿）》（以下简称送审稿）。收到此件后，司法部广泛征求了各地各部门意见，会同国家密码管理局对送审稿作了研究修改，并反复与中央网信办、工业和信息化部、商务部等单位沟通协调，形成了目前的《中华人民共和国密码法（草案）》（以下简称草案）。草案已于 2019 年 6 月 10 日经国务院常务会议讨论通过。

## 二、立法的总体思路

一是明确对核心密码、普通密码与商用密码实行分类管理的原则。草案在核心密码、普通密码方面，深入贯彻总体国家安全观，将现行有效的基本制度、特殊管理政策及保障措施法治化；在商用密码方面，充分体现职能转变和“放管服”改革要求，明确公民、法人和其他组织均可依法使用。

二是注重把握职能转变和“放管服”需要与保障国家安全的平衡。草案在明确鼓励商用密码产业发展、突出标准引领作用的基础上，对涉及国家安全、国计民生、社会公共利益，列入网络关键设备和网络安全专用产品目录的产品，以及关键信息基础设施的运营者和国家机关采购、使用的部分，规定了适度的管制措施。

三是注意处理好草案与网络安全法、保守国家秘密法等有关法律的关系。密码是保障网络安全的核心技术和基础支撑，草案在商用密码管理和相应法律责任设定方面与网络安全法的有关制度，如强制检测认证、安全性评估、国家安全审查等作了衔接；同时，鉴于核心密码、普通密码属于国家秘密，草案在核心密码、普通密码的管理方面与保守国家秘密法作了衔接。

## 三、草案的主要内容

草案共五章四十四条，主要内容如下：

### （一）关于密码工作的领导和管理体制

草案明确：坚持中国共产党对密码工作的领导；中央密码工作领导机构对

全国密码工作实行统一领导，制定国家密码重大方针政策，统筹协调国家密码重大事项和重要工作，推进国家密码法治建设（第四条）。国家密码管理部门负责管理全国的密码工作；县级以上地方各级密码管理部门负责管理本行政区域的密码工作；国家机关和涉及密码的单位在其职责范围内负责本机关、本单位或者本系统的密码工作（第五条）。

（二）关于密码的分类管理原则

草案明确规定密码分为核心密码、普通密码和商用密码，实行分类管理（第六条）。提出了密码分类保护的原则要求：核心密码、普通密码用于保护国家秘密信息，核心密码保护信息的最高密级为绝密级，普通密码保护信息的最高密级为机密级；核心密码、普通密码属于国家秘密，由密码管理部门依法实行严格统一管理（第七条）。商用密码用于保护不属于国家秘密的信息；公民、法人和其他组织均可依法使用商用密码保护网络与信息安全（第八条）。

（三）关于密码发展促进和保障措施

草案总则对核心密码、普通密码和商用密码在发展促进和保障措施方面的共性内容作了规定：一是规定国家鼓励和支持密码科学技术研究、交流，依法保护密码知识产权，促进密码科学技术进步和创新，建立密码工作表彰奖励制度（第九条）；二是规定国家加强密码宣传教育（第十条）；三是规定县级以上人民政府应当将密码工作纳入本级国民经济和社会发展规划，所需经费列入本级预算（第十一条）；四是规定任何组织或者个人不得窃取或者非法侵入他人的加密信息或者密码保障系统，不得利用密码从事违法犯罪活动（第十二条）。

（四）关于核心密码、普通密码

为了确保核心密码、普通密码安全，增强密码通信服务和网络空间密码保障能力，草案第二章规定了核心密码、普通密码的主要管理制度：一是明确传递、存储、处理国家秘密信息时的核心密码、普通密码使用要求（第十四条）；二是规定密码工作机构应当依法建立健全安全管理制度，采取严格的保密措施（第十五条）；三是规定密码管理部门依法对核心密码、普通密码工作进行指导、监督和检查，会同有关部门建立核心密码、普通密码安全协同联动机制，明确了相关案事件处置程序（第十六条、第十七条）；四是规定国家加强密码工作机构和核心密码、普通密码人才队伍建设（第十八条）；五是明确了核心密码、普通密码有关物品和人员享有免检等便利（第十九条）；六是规定了密码管理部门、密码工作机构对其工作人员的监督和安全审查机制（第二十条）。

（五）关于商用密码

为了贯彻落实职能转变和“放管服”改革要求，规范和促进商用密码产业发展，草案第三章规定了商用密码的主要制度：一是规定国家鼓励商用密码技术的研究开发和应用，健全商用密码市场体系，鼓励和促进商用密码产业发展（第二十一条）；二是规定了商用密码标准化制度（第二十二条、第二十三条、第二十四条）；三是建立了商用密码检测认证制度，并鼓励从业单位自愿接受商用密码检测认证（第二十五条）；四是对列入网络关键设备和网络安全专用产品目录的商用密码产品、用于网络关键设备和网络安全专用产品的商用密码服务实行强制性检测认证（第二十六条）；五是规定关键信息基础设施应当依法使用商用密码、开展安全性评估及国家安全审查（第二十七条）；六是对特定范围的商用密码实行进口许可和出口管制制度（第二十八条）；七是规定了电子政务电子认证服务管理制度（第二十九条）；八是支持商用密码行业协会积极发挥作用，加强行业自律，促进行业健康发展（第三十条）；九是规定了密码管理部门和有关部门建立商用密码事中事后监管制度（第三十一条）。

此外，草案规定了相应的法律责任（第四章）。

草案和以上说明是否妥当，请审议。

# 维护国家密码安全　促进密码事业发展

## ——国家密码管理局负责人就《中华人民共和国密码法》答记者问

2019年10月26日，全国人大常委会审议通过《中华人民共和国密码法》（以下简称密码法），自2020年1月1日起施行，国家密码管理局负责人就密码法有关问题回答了记者的提问。

**问：请您介绍一下密码法立法的目的。**

**答：**密码是国家重要战略资源，是保障网络与信息安全的核心技术和基础支撑。密码工作是党和国家的一项特殊重要工作，直接关系国家政治安全、经济安全、国防安全和信息安全。新时代密码工作面临许多新的机遇和挑战，担负更加繁重的保障和管理任务。密码法立法主要有三个方面的目的。

第一，坚决贯彻党管密码根本原则，落实中央指示批示精神。制定密码法，就是要以习近平新时代中国特色社会主义思想为指导，全面贯彻落实习近平总书记关于密码工作的系列重要指示批示精神以及中央关于密码工作的方针政策，确保党的主张通过法定程序成为国家意志，立足我国国情，走中国特色密码发展道路。

第二，规范密码应用和管理，促进密码事业发展。制定密码法，就是要将国家对关键信息基础设施商用密码的应用要求及时上升为法律规范，并对现行商用密码管理制度作出调整，切实为企业松绑减负，促进密码科技进步和创新，促进密码产业健康发展。

第三，保障网络与信息安全，维护国家安全和社会公共利益，保护公民、法人和其他组织的合法权益。制定密码法，就是要更好地促进密码产业发展，营造良好市场秩序，为社会提供更多优质高效的密码，充分发挥密码在网络空间中信息加密、安全认证等方面的重要作用。

**问：请您介绍一下密码法的主要内容。**

**答：**密码法是总体国家安全观框架下，国家安全法律体系的重要组成部分，也是一部技术性、专业性较强的专门法律。密码法共五章四十四条，重点规范了以下内容：第一章总则部分，规定了本法的立法目的、密码工作的基本原则、领导和管理体制以及密码发展促进和保障措施。第二章核心密码、普通密码部分，规定了核心密码、普通密码使用要求、安全管理制度以及国家加强核心密码、普通密码工作的一系列特殊保障制度和措施。第三章商用密码部分，规定了商用密码标准化制度、检测认证制度、市场准入管理制度、使用要求、进出口管理制度、电子政务电子认证服务管理制度以及商用密码事中事后监管制度。第四章法律责任部分，规定了违反本法相关规定应当承担的相应的法律后果。第五章附则部分，规定了国家密码管理部门的规章制定权，解放军和武警部队密码立法事宜以及本法的施行日期。

**问：为什么要对密码实行分类管理？**

**答：**将密码分为核心密码、普通密码和商用密码，实行分类管理，是党中央确定的密码管理根本原则，保障密码安全的基本策略，也是长期以来密码工作经验的科学总结。三类密码保护的对象不同，对其进行明确划分，有利于确保密码安全保密，有利于密码管理部门根据不同信息等级和使用对象，对密码实行科学管理，充分发挥三类密码在保护网络与信息安全中的核心支撑作用。

**问：请您介绍一下密码法在商用密码管理方面的立法思路。**

**答：**一是坚决贯彻落实“放管服”改革要求，充分体现非歧视和公平竞争原则，进一步削减行政许可数量，放宽市场准入，更好地激发市场活力和社会创造力。二是由商用密码管理条例规定的全环节严格管理调整为重点把控产品销售、服务提供、使用、进出口等关键环节，管理方式上由重事前审批更多地转为事中事后监管，重视发挥标准化和检测认证的支撑作用。三是对于关系国家安全和社会公共利益，又难以通过市场机制或者事中事后监督方式进行有效监管的少数事项，本法规定了必要的行政许可和管制措施。

**问：为什么密码法要对特定商用密码产品、服务实行强制性检测认证制度？**

**答：**密码法设立该制度，是维护国家安全和社会公共利益的需要。商用密码产品、服务是专业技术性很强的特殊产品和服务，广泛应用于国民经济和社会发展各领域，应用于关键信息基础设施，其质量与安全性直接关系国家安全和社会公共利益，需要通过检测认证的方式对其质量与安全性进行技术把关。强制性检测认证制度仅适用于涉及国家安全、国计民生、社会公共利益的商用密码产品和使用网络关键设备和网络安全专用产品的商用密码服务，并通过制定产品、服务目录明确界定管理范围，不会对市场和产业构成不必要的限制。

**问：请您谈谈如何抓好密码法的贯彻落实？**

**答：**国家密码管理局将从以下三个方面抓好密码法的贯彻落实。一是加强学习宣传贯彻。将密码法纳入国民教育体系和公务员教育培训体系，推动在全社会形成学习宣传贯彻密码法的热潮，增强公民、法人和其他组织的密码安全意识。二是完善配套法规制度。以密码法颁布实施为契机，抓紧推进商用密码管理条例等配套法规规章的制修订工作，进一步提高密码法律法规体系的系统性、权威性和有效性，提高密码工作的科学化、规范化、法治化水平。三是抓好督查落实。加强对密码法贯彻落实情况的监督检查和工作指导，针对实施过程中遇到的重点难点问题深入开展调查研究，及时解决执法、守法过程中的新情况新问题，确保密码法的各项制度规定落到实处。

[司法解释、司法指导性文件与解读]

# 解读——
# 《最高人民法院关于适用〈中华人民共和国企业破产法〉若干问题的规定（三）》

刘贵祥　林文学　郁　琳*

为正确适用《中华人民共和国企业破产法》（以下简称企业破产法），依法妥善处理企业破产案件中债权人权利行使及其合法权益保护等问题，2019年2月25日，最高人民法院审判委员会第1762次会议原则通过了《关于适用〈中华人民共和国企业破产法〉若干问题的规定（三）》（以下简称《规定》），并已于2019年3月28日起施行。现就《规定》涉及的有关主要问题予以说明，以期对该《规定》的正确理解与适用有所裨益。

## 一、《规定》的制定背景和经过

债权人是破产程序中的主要利害关系方，在整个破产程序中具有重要地位。债权人的权利行使及其合法权益保护，也是我国企业破产法重要立法目的之一。企业破产法规定的债权申报、债权人会议、破产财产变价分配等制度，对于确保债权人参与破产程序、依法行使权利、获得公平清偿发挥了重要作用。随着人民法院审理的破产案件数量不断增加，债权人对破产程序的参与和接纳程度，越来越影响到破产制度的适用效果。此外，破产实践对破产制度也提出了新的需求，特别是供给侧结构性改革和僵尸企业处置工作以及优化营商环境对完善相关法律制度提出了迫切要求。因此，进一步细化企业破产法有关债权人权利行使及其权益保护的相关制度规定，不仅是维护债权人合法权益、确保破产程序公正高效运

* 作者单位：最高人民法院。

行的需要，也是促进破产制度功能充分发挥，进一步服务供给侧结构性改革、推动经济高质量发展、贯彻落实中央关于加大营商环境改革力度的决策部署的迫切需要。为此，我们重点围绕债权人参与破产程序的相关问题，并结合我国目前破产审判实践的现实需求起草了《规定》。经广泛征求意见和多次修改，我们在充分吸收所提意见基础上形成该《规定》。

## 二、《规定》的基本精神

《规定》重点关注破产程序中债权人权利行使及其合法权益保护的相关法律适用问题，进一步细化和完善企业破产法的相关规定，同时也对理论和实践中普遍存在的一些问题，如破产受理后的融资、破产程序中的保证、债权确认诉讼和债权人委员会等进行了明确规定，以推动解决人民法院破产审判工作实践中的疑难问题，为债权人行使权利提供充分依据，切实维护债权人的合法权益。在《规定》起草过程中，我们始终坚持以下指导思想和原则。

第一，依法维护债权人自治，促进债权人积极参与破产程序。破产程序中债权人自治的基础来源于债权人本位利益，是实现破产程序公平清偿原则的基本制度安排。依法维护债权人自治权的行使，是促进债权人积极参与破产程序，维护全体债权人合法权益，有效监督破产管理人履行职责，推动破产程序顺利进行的重要保障。对此，《规定》立足于维护债权人合法权益，从债权人的参与权、决定权、知情权、监督权四个方面完善了债权人自治权的内涵，以促进债权人积极有效地参与破产程序，增加债权人对破产程序的接受度与信任度。

第二，合理界定债权性质和清偿顺位，促进债权人公平清偿。破产程序中债权性质和清偿顺序的确定，是实现破产制度中债权人公平清偿目标的实体保障，也是确保破产制度透明度和可预测性的需要，从而给市场主体提供明确预期，以增进市场交易的稳定性。对此，《规定》进一步界定了破产费用和破产债权的范围，合理区分新旧债权的清偿顺序，尽量避免对此前已经成立的担保物权造成不利影响。此外，《规定》对保证人破产时债权人申报债权和分配清偿进行了补充和完善，充分体现保证制度目的与宗旨，维护正常的商业交易秩序和预期，促进债权人公平清偿利益的实现。

第三，鼓励破产企业继续经营，促进债务人资产价值最大化。破产程序启动后企业继续经营，有助于实现企业运营价值，对于确保企业财产有效运用，维持或恢复企业重整希望，以及促进在清算程序中将企业作为营运资产出售，从而增进破产财产价值具有重要意义，也是增进全体债权人利益的有效途径。维持企业持续运营的前提是能够获得新的借款，用来及时支付企业持续运营过程的支出和相关费用。对此，《规定》赋予程序启动后新借款一定的优先地位，鼓励对债务人继续经营提供资金支持，实现企业在破产程序中持续经营，促进债务人资产价值的最大化。

第四，明确债权人、管理人和法院的职责定位，促进破产程序公正高效进行。现代破产程序作为法院审理下的司法程序，债权人合法权益的保护，既需要债权人自治权的充分行使，也离不开法院对破产程序的监督，对债权人自治予以必要约束，从而实现债权人与债务人之间、单个债权人与多数债权人之间、普通债权人与优先债权人之间、债权人与管理人之间的利益平衡，避免程序权利滥用。对此，《规定》就破产程序中重要事务的决策、执行和监督等问题，进一步明确了债权人会议、债权人委员会、管理人以及法院的职责定位，确保在充分尊重债权人自治的基础上，实现各方利益平衡，推进破产程序公正高效进行。

## 三、《规定》的主要内容

《规定》共计16条，主要涉及申报债权的范围和方式、债权申报审查与异议、单个债权人以及债权人会议、债权人委员会行使权利的规定等问题，进一步细化了破产案件审理中债权人合法权益保护的有关程序和实体规定。以下就其中所涉的主要问题进行说明。

（一）破产申请受理后对之前费用的处理和滞纳金计算问题

关于破产申请受理前发生的强制清算费用和执行费用如何清偿的问题。近年来，随着人民法院破产审判工作的大力推进，破产案件的数量明显上升，强制清算程序依法转入破产程序、以企业法人作为被执行人的执行案件依法转入破产程序的情形也大量增加，强制清算程序与执行程序中已经发生的相关费用在破产程序中如何受偿的问题逐渐显现。最高人民法院在制定《关于审理公司强制清算案件工作座谈会纪要》《关于适用〈中华人民共和国企业破产法〉若干问题的规定（二）》〔以下简称《破产法司法解释（二）》〕、《关于执行案件移送破产审查若干问题的指导意见》等司法解释和规范性文件的过程中，也对这一问题给予了持续关注。此次《规定》第一条在之前规定的基础上，进一步明确债务人尚未支付的公司强制清算费用、执行费用可参照破产费用的规定清偿。但应当注意的是，该条仅适用于强制清算程序或者执行程序转入破产程序的情形，即前述强制清算程序或者执行程序尚未终结，因债务人存在破产原因而依法转入破产程序，从而存在强制清算程序或者执行程序的管理成果为破产程序吸收和利用的可能，进而符合为全体债权人共同利益支出的目的性，使得前述程序中发生的费用参照破产费用，由债务人财产随时清偿具有合理正当性基础。另外，《规定》第一条所指“未终结的执行程序”不限于直接引发破产程序的执行案件，还包括其他因人民法院受理破产案件而中止的执行程序，但不包括在人民法院受理破产案件前已经按照《最高人民法院关于严格规范终结本次执行程序的规定（试行）》已经终结本次执行程序的案件，目的在于促进符合破产条件的被执行人尽早通过破产程序公平清理债务。

关于破产案件受理前债务人尚未支付的案件受理费、执行申请费的处理。根据《诉讼费用交纳办法》的规定，执行申请费不由申请人预交，而是在执行后交纳，案件受理费由当事人预交，故《规定》第一条第二款中“尚未支付的执行申请费”是指已经执行完毕的案件中应由债务人负担的费用，“尚未支付的案件受理费”是指破产申请受理前债务人作为败诉方应负担的费用。因上述费用不符合为全体债权人共同利益和为保障破产程序顺利进行而支出的目的性与必要性，故不宜参照破产费用支付，而应按照破产债权清偿。此外，上述案件的受理费、执行申请费虽然在性质上属于公法债权，但不影响相关有权主体向管理人申报。

关于破产申请受理后债务人欠缴款项产生的滞纳金申报处理问题。首先，债务人欠缴款项产生的滞纳金，根据其发生时间可以分为破产申请受理前产生的和破产申请受理后产生的两个部分。破产申请受理前产生的滞纳金，虽然具有惩罚性质，但由于符合破产债权的成立条件，故应按照破产债权申报。至于其清偿顺位问题，根据《最高人民法院关于税务机关就破产企业欠缴税款产生的滞纳金提起的债权确认之诉应否受理问题的批复》，欠缴税款产生的滞纳金应作为普通债权清偿。但是能否一律适用于其他欠款产生的滞纳金，即滞纳金清偿顺序的问题是否有进一步改进完善的空间，值得进一步研究。有学者认为，将发生在破产案件受理前的滞纳金作为普通破产债权一并处理，过于简单。因为其不仅具有欠款利息的属性，还具有一定的惩罚性，故在债务人资不抵债或明显缺乏清偿能力等破产临界状态下，破产案件受理前，超过银行同期贷款利率部分的税收滞纳金应与税收罚款一并对待，作劣后债权或除斥债权处理。其次，现行法律对于滞纳金的概念及法律性质等具体问题均未予以明确规定，存有较大的争议，税收滞纳金、劳动保险金滞纳金、环保的排污费滞纳金等，在征收率、征收期间等具体情形上存在差异，在性质上能否认定为惩罚性债权，尚难以一概而论。最后，对破产程序中滞纳金性质进行认定并进而确定其清偿顺位，从破产法尊重实体法规范的基本原则出发，主要取决于规定滞纳金的实体法本身的完善。

对于破产申请受理后产生的滞纳金，企业破产法虽然没有明确规定，但基于滞纳金与利息计算具有相似性，且欠缴款项的滞纳金在性质上除了一部分系对欠缴款项的利息补偿外，还有一部分具有惩罚性，在性质上属于惩罚性债权，若在破产程序中继续计算并按照破产债权清偿，实际上是由全体债权人承担了本应由债务人履行的惩罚性义务，在债务人财产本不足以支付全部债权的情况下，对全体债权人而言有失公允。故参照企业破产法第四十六条第二款有关“附利息的债权自破产申请受理时起停止计息”的规定，《规定》第三条明确，债务人欠缴款项产生的滞纳金在破产受理后亦应当停止计算，不作为破产债权清偿。应当注意的是，当事人申报的债权是否属于破产债权，需要经过管理人审查、债权人会议核查和人民法院裁定确认。申报人也可以提出异议，债权人会议也有核查的权利。故在债权申报环节，管理人还是应当在完成形式审查后进行登记，因此，对于破产申请受理后债务人欠缴款项产生的滞纳金，包括债务人未履行生效法律文书应当加倍支付的迟延利息和劳动保险金的滞纳金等，债权人作为破产债权申报的，管理人仍然应当进行登记。

（二）破产申请受理后新发生借款的清偿顺位问题

破产程序启动后企业继续经营，有助于实现企业运营价值，对于确保企业财产有效运用，维持或恢复企业重整希望，以及促进在清算程序中将企业作为营运资产出售，从而提高破产财产价值，具有重要意义，也是增进全体债权人利益的有效途径。维持企业持续运营的前提是能够获得新的借款，用来及时支付企业持续运营过程的支出和相关费用，如果不能明确该类新产生的借款在破产程序中的清偿顺序，则会给借款人的利益带来不确定性，使其不敢向困境中的企业提供支持。因此，为了鼓励对债务人继续经营提供资金支持，实现企业在破产程序中持续经营，《规定》第二条明确了破产申请受理后，为债务人继续营业而借款的清偿顺序，旨在对破产案件受理以后为债务人继续经营而发生的借款在破产程序中的权利性质、清偿顺位，以及为借款而设定担保的债权与此前已经设定担保的债权的清偿顺位作出具体解释。

具体而言，首先，该条规定的借款应发生在破产申请受理后至破产程序终结或终止前，并应符合法定程序，即需要经债权人会议决议通过，或者在第一次债权人会议召开前经人民法院许可。其次，从实体条件来说，本条规定可以被认定为共益债务的借款必须严格限定在为债务人继续经营的目的范围内，即借款目的在于维持企业的继续经营，通常是用于支付企业正常运营过程的支出和相关费用，故本条规定的新借款原则上不包括投资人或债权人在重整计划中提供的借款。再次，基于其用途和发生的期间，新借款的性质应属于企业破产法第四十二条第四款规定的“为债务人继续营业而由此产生的其他债务”，故可参照共益债务清偿。应当注意的是，《规定》强调优先于普通破产债权清偿，并不意味着仅优先于普通破产债权，而是应当按照企业破产法第一百一十三条规定的共益债务顺序清偿。最后，对于新借款与之前就债务人特定财产已设定有担保的债权之间的清偿顺位问题，根据企业破产法第一百零九条的规定，对破产债务人特定财产享有担保权的权利人，对该特定财产享有优先受偿权。故《规定》明确，破产受理后新产生的债权不得影响针对债务人特定财产设定担保的债权清偿，但该规定并不排除担保债权人与新借款债权人之间约定，根据案件具体情况赋予新借款就特定财产享有更为优先的清偿顺序。此外，如果根据企业破产法第七十五条的规定，为新借款设定担保，但设立担保的抵押物在破产程序前已为其他债权人设定抵押时，基于维护企业正常经营状态下的市场交易秩序的考虑，该条规定在同一抵押物上先后设立的担保权，仍按照物权法第一百九十九条规定的顺序清偿。

（三）关于保证人破产时的债权申报和清偿问题

1. 保证人破产但主债务人未破产时的债权申报和清偿程序问题。企业破产法对保证人破产时的保证责任问题未作具体规定，但保证人的保证责任不因其破产而免除，是一项基本原则，故《规定》第四条第一款明确，保证人被裁定进入破产程序的，债权人有权申报其对保证人的保证债权。保证人破产时，如果主债务已经到期的，债权人可以直接追究其保证责任。如果主债务仍未到期，虽然主债务人享有期限利益无立即清偿义务，但若保证人也享有此期限利益，等主债务到期时，保证人破产财产可能已经分配完毕，其保证责任相当于被免除，因此《规定》第四条第二款规定此时应当适用企业破产法第四十六条的规定，将其未到期的保证责任视为到期，允许债权人此时申报保证债权。

保证分为一般保证和连带保证。连带保证中，债权人可以要求主债务人履行债务，也可以要求连带保证人在其保证范围内承担保证责任，故连带保证人破产时，根据企业破产法第五十一条的规定，债权人可以在负有连带责任的保证人破产程序中申报保证债权。应当注意的是，此时主债务人虽为连带债务人，但由于其是债务责任的最终承担者，其对保证人不享有追偿权，亦无约定的份额，故其不享有企业破产法第五十一条规定的以其求偿权申报债权的权利。但存在其他连带保证人的情况下，可以适用第五十一条之规定，以其求偿权申报债权。一般保证的情况下，根据担保法规定，一般保证的保证人享有先诉抗辩权，但主债务人破产时不得行使。担保法未规定一般保证人破产而主债务人未破产时，是否也享有先诉抗辩权。我们认为，如果仍维持先诉抗辩权，债权人必须先向主债务人求偿，然后再向一般保证人请求承担保证责任，不仅不利于债权人保证利益的及时实现，而且可能保证人的破产程序已经结束，尤其是当主债务人到期已不能履行债务时，债权人本应享有的保证利益将落空而无法实现，变相免除了保证人的保证责任。故《规定》第四条第二款规定，在一般保证人破产时，亦不得行使先诉抗辩权，管理人不得以此为由不接受一般保证债权人的债权申报。

关于此时债权人在一般保证人破产程序中的分配额应否先予提存，待一般保证人应承担的保证责任确定后再按照破产清偿比例予以分配的问题，存在两种不同观点。一种观点认为，一般保证在性质上属于补充责任，仅对主债务人不能清偿的部分承担责任，故应当先予提存，待主债务人清偿后，再按一般保证人实际应承担的补充责任范围向债权人分配。另一种观点认为，一般保证与连带保证的区别仅在于先诉抗辩权的有无，在保证责任范围上并不存在区别，在一般保证人破产取消其先诉抗辩权的情况下，其与连带保证责任并无实质区别，亦应对债权人的全部债权予以及时清偿，故无提存的必要。对此，我们最终采纳了第一种观点，理由是该观点更符合我国担保法及司法解释关于一般保证责任的规定。

另外，《规定》第四条第三款规定，保证人的管理人可以就保证人实际承担的清偿额向主债务人或其他债务人行使求偿权，其他债务人包括其他的共同保证人。要注意的是，为保障保证人追偿权的实现，应该赋予其提前开展追偿工作的权利，因为在保证人破产的情形下，追偿额的实现是为了保证人的全体债权人利益的考量。因此，第四条第三款规定的“保证人确定应当承担保证责任”的时点，应当以保证人的债权人会议已经核查，法院对此裁定确认的时点为准，保证人的管理人实际是否已经向保证债权人清偿债权，并不影响追偿的开展，但作为追偿额计算基础的保证责任，需要待普通破产债权清偿比例明确后才能确定。

此外，如果是连带责任保证人在主债务尚未到期的情况下承担了实际的保证责任，连带责任人及其管理人可以在主债务到期后向主债务人或其他债务人行使求偿权；如果保证人是在重整程序或破产和解程序中承担了实际的保证责任，则重整或和解后得以存续的保证人依然享有独立的求偿权。

2. 关于债务人、保证人同时破产时的债权申报和清偿程序问题。首先，债务人与连带责任保证人均被裁定进入破产程序的，根据企业破产法第四十六条的规定，债权人可以依法在债务人的破产程序中申报债权。如果此时连带责任保证人也被裁定进入破产程序，由于连带责任保证人与债务人之间构成的是连带责任法律关系，即对债权人而言，连带责任保证人与债务人一样，均负有清偿全部债务的义务，故各国和地区破产立法都规定，当负有连带义务的债务人全体或数人破产时，债权人可以将债权总额作为破产债权，同时或先后分别向每个破产人要求清偿，但其获得清偿的总数不得超过债权总额。企业破产法第五十二条亦规定：“连带债务人数人被裁定适用本法规定的程序的，其债权人有权就全部债权分别在各破产案件中申报债权。”因此，打破时间、顺序及破产债权数额方面的习惯限制，是使连带责任在连带债务人全体或数人被宣告破产情况下完全实现的关键。其次，债务人与一般保证人均被裁定进入破产程序时，由于根据担保法第十七条的规定，一般保证人不得行使先诉抗辩权，故债权人可以依法在债务人和一般保证人的破产程序中分别申报债权。

关于此时债权人从一方破产程序中获得清偿后，其对另一方的债权额是否作调整的问题，我们综合考虑后认为，由于债务人和一般保证人均破产的情况，与仅一般保证人破产的情形不同，先诉抗辩权不得行使的后果不仅仅只具有程序上的对抗意义，一般保证人在实体上亦负有及时清偿的责任，为确保债权人得到充分清偿，《规定》第五条规定此时不作调整，但债权人的受偿额不得超出其债权总额。易言之，无论是连带责任保证人还是一般保证人，也无论是债务人的破产程序先行分配还是保证人的破产程序先行分配，“债权人向债务人、保证人均申报全部债权的，从一方破产程序中获得清偿后，其对另一方的债权额不作调整，但债权人的受偿额不得超出其债权总额”。实践中，由于双重破产程序并行，债务人、保证人的相应管理人应当切实履职，在己方的破产程序中对债权人的债权额进行清偿前，必须对他方破产程序中债权人的已受偿额进行调查，避免债权人的受偿额超过其债权总额的情况发生。

此外，基于债权人已经在主债务人处申报了全额债权，根据企业破产法第五十一条第二款的规定，保证人不得再以将来求偿权申报债权，故即便债权人先从主债务人处获得清偿的，保证人承担责任后，亦不享有追偿权。

（四）关于债权申报的登记与审查

债权的申报、登记、审查和确认，既是债权人参与破产程序行使权利的前提，也是实现对全体债权人统一清偿这一破产制度目标的基础。企业破产法规定了债权人申报债权的期限、方式等要求，同时第五十七条规定了管理人负有登记、审查债权的职责。对此，《规定》第六条首先是进一步明确了管理人应予登记的债权申报事项内容。破产管理人对于债权人申报的符合形式要求的全部债权，均应当如实进行登记造册，详尽记载申报人的姓名、单位、代理人、申报债权额、担保情况、证据、联系方式等破产程序进展所需必要事项，以便为后续债权实质审查、债权确认等流程工作提供条件，并形成债权申报登记册。其次，针对实践中关于管理人审查债权究竟应当实质审查还是形式审查的争议，我们认为，虽然企业破产法规定债权核查由债权人会议履行，但考虑到债权人会议行使该项职权的方式和期间有限，故该条明确了管理人应对申报债权的真实性和有效性进行初步的实质审查，编制债权表并提交债权人会议核查。管理人对于债权人申报债权进行审查的核心：一是确定所申报债权的性质，系担保债权、税收债权、购房户债权、建设工程款债权还是普通债权等，经过法院裁定确认以后的债权的性质决定了其在后续破产分配程序中的清偿顺位；二是确定所申报债权的金额，比如本金、利息计算、违约金等，经过法院裁定确认的债权的金额决定了其在后续破产分配程序中同顺位债权的清偿比例。

凡是已经发生法律效力的裁判所确认的债权，原则上不在审查确认之列。因为这些债权都属于已经经过发生法律效力的裁判确认、依法可强制执行的债权，其执行效力可自然延续至破产程序，故可不经审查确认程序而直接受偿。对此，《规定》第七条明确了管理人对有执行名义的债权应当予以确认。如果管理人认为债权人据以申报债权的生效法律文书确定的债权错误，或者有证据证明债权人与债务人恶意通过诉讼、仲裁或公证机关赋予强制执行力公证文书的形式虚构债权债务的，管理人无权直接否定有执行名义的债权内容，亦非债权人会议有权决定的事项，也不宜由破产案件受理法院直接裁定调整，而是应当根据民事诉讼法等相关法律规定，依法通过审判监督程序重新确认债权，或者向受理破产申请的法院申请撤销或不予执行。应当注意的是，《规定》第七条从便利破产案件审理的角度，将申请撤销或不予执行仲裁裁决、不予执行公证债权文书的地域管辖赋予受理破产申请的法院，但涉及级别管辖问题时，如按照《最高人民法院关于仲裁司法审查案件报核问题的有关规定》，对于破产案件受理法院确实不便于对管理人申请撤销仲裁裁决案件行使管辖权的，可以根据《破产法司法解释(二)》第四十七条第二、三款的规定，解决级别管辖的问题。

此外，债权表、债权申报登记册及债权申报材料，作为重要的破产案件材料，在破产程序进行期间，由管理人对其负担保管义务。同时，为充分保障破产相关利害关系人的知情权，该条明确了债权人、债务人、债务人职工及其他利害关系人均有权查阅管理人保管的债权表、债权申报登记册及债权申报材料。对于查阅权进一步明确了以下几点：（1）对应于查阅权利，管理人负有对于债权表、债权申报材料及债权申报登记册的保管和提供查阅义务。（2）对利害关系人的范围作了扩大解释，包括债权人、债务人、债务人职工及其他利害关系人。（3）管理人的保管期间和利害关系人的查阅期间是破产期间，原则上系指破产申请受理之日起至破产程序终结之日止。

（五）关于债权确认之诉的提起及其当事人的列明

根据企业破产法第五十八条的规定，债务人或者债权人对债权表记载的债权有异议的，可以向人民法院提起债权确认诉讼，由人民法院裁决。为了减少没有必要的债权确认诉讼的提起，节约司法资源，推动破产程序尽快进行，《规定》第八条要求异议人应当对其异议提供理由和依据并与管理人先进行沟通，如仍然不服的再提起债权确认诉讼。另外，企业破产法没有规定提起债权确认诉讼的时限，但在实践中经常出现相关主体不同意管理人的审查结论，但又迟迟不提起债权确认之诉，导致其债权一直处于不确定状态，影响了后续表决等程序进行。故该条参照企业破产法第六十四条第二款，规定了异议人提起债权确认诉讼的时限，以促使相关主体及时行使权利。上述期限长短的设定，主要是处理好对异议人权利的保护和及时推进破产案件进程两方面的关系。关于该条规定的15天起诉期限的性质，有实务界人士理解该条采纳了除斥期间的观点。这种理解有其合理之处，有利于督促异议人及时行使权利，有利于破产程序的高效率推进，但除斥期间为法定权利的存续期间，因该期间经过而发生权利消灭的法律效果。可见，除斥期间经过后，发生的是实体权利消灭的法律效果。根据企业破产法第五十六条的规定（在人民法院确定的债权申报期限内，债权人未申报债权的，可以在破产财产最后分配前补充申报；但是，此前已进行的分配，不再对其补充分配。为审查和确认补充申报债权的费用，由补充申报人承担。债权人未依照本法规定申报债权的，不得依照本法规定的程序行使权利），债权人迟延申报的情形下，尚可在破产财产最后分配前补充申报，即使债权人未依照破产法规定申报债权的，只是不得依照本法规定的程序行使权利而已，并非债权实体权利消灭的后果，因此，超过起诉期间并不导致债权人失去实体权利。故本条规定的期间属于诉讼法意义上的期间，而非实体法意义的期间。

关于异议人未在上述时限内提起异议之诉的后果，我们认为，应当视同其同意管理人审查的结论，按照管理人审查的结果行使权利并获得分配。此外，由于企业破产法并没有排除债权人和债务人之间解决争议的其他途径，即便是企业破产法第二十一条有关专属管辖的规定，亦不能排除仲裁条款的效力，故该条明确债权确认诉讼不适用于当事人之间订立有仲裁条款或仲裁协议的场合。

关于债权确认诉讼当事人应如何列明的问题，理论和实践争议较大。对此，《规定》第九条尝试进行解决。根据企业破产法第八十五条的规定，有权提起债权确认诉讼的当事人包括债权人和债务人。债务人起诉的，通常是针对某一债权人申报的债权存在异议，故应以被异议的债权人为被告。债权人起诉的，应区分针对的是他人债权还是自身债权。对他人债权有异议的，由于其诉讼结果将影响该被异议的债权人，故被异议债权人是适格被告；如果是对自身债权有异议的，则应当以债务人为被告。无论是债权人还是债务人提起诉讼，均可能存在其他异议人对该债权提出异议，虽然其异议的理由可能与原告不一致，但由于针对的是同一笔债权，具有共同的诉讼标的，故根据民事诉讼法的规定，可列为共同原告。

关于债务人参加诉讼应当由谁代表的问题。根据企业破产法第二十五条第（七）项的规定，债务人参加诉讼的，应当由管理人作为诉讼代表人。但另有观点认为，在债务人作为原告提起债权确认诉讼时，应由债务人的法定代表人代表其参加诉讼。主要理由是，此时债务人针对的是管理人审查的债权，继续由管理人代表债务人进行诉讼，存在利益冲突，无法真实反映债务人的诉求。由于对此问题争议较大，故《规定》对此问题暂未明确，留待理论实践进一步探讨。

（六）关于单个债权人的知情权

破产程序中，知情权、表决权和监督权，是债权人合法权益得到公平、有序清偿的基本程序要求。知情权是前提、表决权是核心、监督权是保障。知情权是债权人在破产程序中应当享有的重要程序性权利之一，目的是解决破产程序中的信息不对称问题，以确保单个债权人有权从管理人处获得必要的信息资料，从而有效行使表决权和监督权，维护自身合法权益，也是确保破产程序公开透明的必要保障。目前，企业破产法更多是从债权人集体行使权利的角度，从管理人履职要求的方面，规定管理人应向债权人会议报告有关情况，列席债权人会议并接受询问，没有专门规定个别债权人知情权的行使问题。对此，《规定》第十条专门规定了单个债权人的知情权，明确了单个债权人为参与程序的需要，有权查阅与破产程序进行相关的债务人财务和经营信息，同时规定了管理人无正当理由拒不提供时的救济途径，以充分保护单个债权人知情权的行使。但应当注意的是，知情权的行使应当与保护债务人商业秘密、国家秘密相协调。如果债权人查阅的信息资料涉及商业秘密的，债权人负有保密义务；如果涉及国家秘密，国家有关保密的法律法规有禁止性规定的，债权人应当遵守。

（七）关于债权人会议表决方式

债权人行使表决权是形成债权人会议决议集中表达债权人共同利益的法定

方式，也是债权人自治的重要途径。针对企业破产法没有明确债权人会议表决方式的问题，《规定》在总结和吸收近年来人民法院信息化发展经验的基础上，进一步扩充了债权人会议的表决方式，在第十一条明确债权人会议的决议除现场表决外，还可以采取通信、网络投票等非现场方式进行表决，并就非现场表决后的通知事项予以完善，在降低破产费用、提高程序效率的同时，维护债权人的表决权、知情权和异议权。

就重整计划草案的表决而言，是债权人、股东审查重整计划草案进而对草案内容达成一致的法定程序，直接关系到债务人重整的成败，因此，表决机制的设计应当公平合理地体现相关利害关系人的意思自治，同时满足破产程序的效率要求。基于不同主体拥有的权利存在差异，企业破产法设计了分组表决机制，以贯彻对同一性质权利人平等对待的基本原则，但企业破产法没有明确规定哪些表决组可以参加或者不参加表决。如果所有表决组都可以参与表决，一方面会增加重整计划草案制定者的沟通成本，有损程序效率；另一方面可能导致特定表决组利用其议价能力获得超额分配，以及导致强制批准程序的适用。对此，《规定》第十一条第二款对重整计划草案表决机制进行了调整，明确规定只有权益因重整计划草案受到调整或影响的利害关系人才有资格参加表决，权益未受调整或影响的利害关系人不参加表决，从而促进表决程序的高效性与结果的合理性，并在一定程度上有助于提高强制批准的门槛，减少适用强制批准的情形。应当注意的是，实践中，一方面应当严格判断权益是否受到调整或损害，如相关主体的权利是否被变更，或者违约情形是否被纠正和补偿，是否恢复已加速到期的债务，并按照原有约定继续履行（参见美国破产法第 1124 条的规定）；另一方面，也要避免债务人或债权人对该规则的滥用，阻碍重整程序进程。从实践来讲，破产重整案件中债权人或者股东权益未受到调整或者影响的情形也很少发生，无论是利息计算标准、清偿时间等，在重整计划草案中作出了新的安排，都属于受到调整或者影响的情形，更不用说调整本金的金额或者期限。程序上，在债权人或者股东就其是否参加表决与管理人发生争议的情况下如何救济？可参照未确定债权的处理。故本条司法解释所列是否参加表决发生争议的情况下，应由人民法院依法裁决。为迅速确定表决权之有无，对于该类裁决，不宜上诉或者复议。

（八）关于债权人会议决议的撤销

债权人会议的决议，是债权人团体为共同意思表示的结果，故对全体债权人均有约束力，除法律特别规定债权人会议决议须经法院许可外，决议一经作出就对全体债权人产生约束力，无须法院的特别许可。因此，企业破产法第六十四条第二款赋予债权人在法定期限内请求法院撤销债权人会议决议的权利，以保护债权人合法权益不受侵害。根据该款规定，债权人申请撤销的事由为决议违反法律规定，损害债权人利益。由于上述规定较为原则，为便于实践操作，《规定》第十二条进一步予以明确。具体而言主要包括以下情形：一是债权人会议召开和表决违反法定程序。债权人会议召开和表决程序是债权人会议决议合法性的基础，应当符合企业破产法第六十二条、第六十三条、第六十四条、第八十四条和第九十七条的规定，否则债权人会议产生的决议不具备法律上的约束力。二是债权人会议决议内容违反法律。破产程序的基本功能之一就是实现对全体债权人的公平清偿、保护债权人的合法权益，债权人会议形成的决议也应服务于该目的，否则债权人有权申请撤销。三是债权人会议决议超出了债权人会议职权范围。企业破产法第六十一条规定的债权人会议职权，是债权人会议的法定议事范围，法律对其明确予以规定，既可以保障破产程序的顺利进行，维护债权人的共同利益，也可以避免债权人自治因无章可循而权利被滥用。因此，如果债权人会议的决议超出债权人会议职权范围的，则该决议因债权人会议不具备法律上的议事权利而可被撤销。

实践中应当注意的是，如果债权人会议决议损害债权人一般利益的，通常有权请求撤销决议的债权人，应以不同意债权人会议决议的债权人为限，包括表决时不同意决议的债权人、表决时不能行使表决权的债权人、未出席会议但已申报债权的债权人。上述一般利益系指对债权人整体共同利益而言，如决定继续或停止债务人营业的决议，而不包括个别债权人利益，即债权人不得仅以决议侵害其个别利益为由提起撤销。

此外，债权人会议的决议可能并非全部存在损害债权人利益的违法情形，有的情况下，债权人会议决议存在可分别对待的可能性，对此，为提高债权人会议与破产程序效率考虑，人民法院可以对违法的决议内容进行剥离，仅裁定撤销部分决议事项，责令债权人会议依法重新作出决议。未被人民法院撤销的部分合法决议事项，仍将具有效力。另外，债权人提出异议并申请撤销以债权人知晓决议的内容为前提，因此债权人申请撤销的期限应自债权人收到通知之日起算。

（九）关于债权人委员会的受托职权及其职务执行

债权人委员会是债权人会议的代表机关，代表债权人的共同利益以监督破产程序的顺利进行。破产程序进行中，法院居于主导地位，对破产程序进行司法上的监督。债权人会议作为债权人团体的利益维护和意思表示机关，在破产程序中具有相对独立的自治地位，但难以对破产程序进行日常监督，尤其是在债权人会议闭会期间，仅仅由法院监督债务人或管理人的活动，不足以保障债权人团体利益。因此，企业破产法设立债权人委员会作为破产监督人，行使相关的监督职能，以实现债权人监督破产程序进行的自治需求。

债权人通过债权人委员会实现自治，只能在法律规定的活动范围内进行，即在债权人委员会的职权范围内进行。企业破产法第六十八条对此进行了规定，为进一步促进债权人委员会职责的履行，《规定》第十三条明确了第六十八条第（四）项有关“债权人会议委托的其他职权”的内容。具体而言，债权人委员会的职权范围，不仅取决于立法的规定，而且要符合债权人会议的意图。尤其是法律未明确规定时，债权人会议可以在其职权范围内通过决议委托债权人委员会行使债权人会议的职权，但性质上专属于债权人会议的职权不得委托债权人委员会代行。因此，《规定》结合企业破产法第六十一条有关债权人会议职权的规定，明确其中直接涉及债权人整体利益的重大事项不可授权债权人委员会行使；另外的第（二）项、第（三）项、第（五）项职权，即“申请人民法院更换管理人，审查管理人的费用和报酬”“监督管理人”以及“决定继续或者停止债务人的营业”三项职权与管理人日常工作以及破产程序进行紧密相连，通过常设机构监督更有效率，故《规定》第十三条将上述职权作为可授权的内容赋予债权人委员会行使。此外，为了避免架空债权人会议的职权，《规定》要求债权人会议不得作出概括性授权，委托债权人委员会行使债权人会议所有职权。

就债权人委员会的职务执行方式而言，企业破产法没有作出明确规定。为更好地指导实践，在充分发挥债权人委员会作用的同时，提高议事效率，维护债权人整体利益，《规定》第十四条对债权人委员会的议事规则和职务执行方式等问题进行了完善和补充。首先，债权人委员会行使职权也应当以决议的方式进行，即在其权限范围内通过表决的方式就其监督事项形成意见或者决定。其次，对决议形成方式而言，虽然债权人会议决议的通过有人数和债权额的双重要求，以确保决议可以充分代表债权人会议的意志，但考虑到债权人委员会的成员本身是由债权人会议选任的债权人代表，其产生过程已经反映了债权额的要求，因此《规定》明确债权人委员会的表决采取一人一票的方式，按照简单多数的原则，所议事项应获得全体成员过半数通过。再次，债权人委员会所议事项一般都涉及债权人的重要利益或者是对破产程序有重要影响，因此债权人委员会的决议及其产生过程应严格记录，妥善保存，以备查询。此外，债权人委员会作为债权人会议的代表机构，应对债权人会议负责接受其监督，并接受人民法院的指导。同时，债权人委员会还应以善良管理人注意义务独立执行职务，否则应对其违反注意义务而给利害关系人造成的损失承担赔偿责任。

（十）关于债务人重大财产处分行为的程序

管理人对债务人重大财产的处分行为，通常会影响破产程序的结果，并直接影响债权人清偿利益的实现。债权人作为对破产程序的结果具有经济上主要利害关系的当事方，如果不能参与决策此类涉及其利益的重大处分行为，不仅不利于维护其清偿利益，而且难以对破产程序形成有效监督，长期来看，还将降低债权人对破产程序的参与度，进而减损破产制度的作用和价值。企业破产法第六十九条仅规定了管理人实施对债权人利益有重大影响财产处分行为时的报告义务，既没有明确债权人会议或债权人委员会对此类重大处分行为的决定权，也没有明确报告的后果，加之实践中对于报告内涵和程序的理解不一，从而导致在一定程度上影响了对债权人合法权益的保护。

从债权人委员会的职权范围及其与债权人会议的关系看，原则上，有关债权人委员会依法同意的事项，应由债权人会议的决议决定；债权人委员会的意见不同于债权人会议决议时，应当服从债权人会议的决议。因此，基于企业破产法第六十一条对债权人会议职权的规定，考虑到上述重大财产处分行为基本属于债务人财产管理方案或变价方案的内容，《规定》第十五条规定管理人处分债务人重大财产时，应当事先经过债权人会议表决通过，否则管理人不得处分，明确了债权人对上述行为的决定权。同时对企业破产法第六十九条规定的报告程序予以细化，明确了债权人委员会和人民法院行使监督权的范围和方式，从而切实维护债权人的合法权益，增进债权人对破产程序的参与度和信任度。

最高人民法院

# 印发《关于建立法律适用分歧解决机制的实施办法》的通知

2019 年 10 月 11 日　　法发〔2019〕23 号

**各省、自治区、直辖市高级人民法院，解放军军事法院，新疆维吾尔自治区高级人民法院生产建设兵团分院，各专门人民法院，本院各业务部门：**

《最高人民法院关于建立法律适用分歧解决机制的实施办法》已于 2019 年 9 月 9 日由最高人民法院审判委员会第 1776 次会议通过，自 2019 年 10 月 28 日起施行。现予以印发，请认真贯彻实施。

最高人民法院

## 关于建立法律适用分歧解决机制的实施办法

为统一法律适用和裁判尺度，树立与维护人民法院裁判的公信力，根据《中华人民共和国法院组织法》和《最高人民法院关于完善人民法院司法责任制的若干意见》，结合人民法院工作实际，制定本办法。

**第一条**　最高人民法院审判委员会（以下简称审委会）是最高人民法院法律适用分歧解决工作的领导和决策机构。

最高人民法院审判管理办公室（以下简称审管办）、最高人民法院各业务部门和中国应用法学研究所（以下简称法研所）根据法律适用分歧解决工作的需要，为审委会决策提供服务与决策参考，并负责贯彻审委会的决定。

**第二条**　最高人民法院各业务部门、各高级人民法院、各专门人民法院在案件审理与执行过程中，发现存在以下情形的，应当向审管办提出法律适用分歧解决申请：

（一）最高人民法院生效裁判之间存在法律适用分歧的；

（二）在审案件作出的裁判结果可能与最高人民法院生效裁判确定的法律适用原则或者标准存在分歧的。

**第三条** 法研所在组织人民法院类案同判专项研究中，发现最高人民法院生效裁判之间存在法律适用分歧的，应当向审管办提出法律适用分歧解决申请。

**第四条** 提出法律适用分歧解决申请，应当包括以下材料：

（一）法律适用分歧解决申请书。申请书中应当提炼、总结存在法律适用分歧的法律问题；

（二）存在法律适用分歧的最高人民法院裁判文书或者案号；

（三）其他需要提交的材料。

材料中含有在审案件的，应当隐去当事人及其他可能影响案件公正审理的信息。

**第五条** 审管办收到法律适用分歧解决申请后，应当及时进行审查。符合立项条件的，应当立项并将有关材料送交法研所。

**第六条** 法研所收到审管办送交的材料后，应当在五个工作日内对申请书中涉及的法律适用分歧问题进行研究，形成初审意见后送交审管办。

**第七条** 审管办收到法研所送交的初审意见后，应当按照最高人民法院审判执行工作职能分工，将初审意见送交相应业务部门进行复审。

**第八条** 最高人民法院相应业务部门收到上述材料后，应当及时组织研究，形成复审意见后送交审管办。必要时可以组织专家进行论证。

**第九条** 审管办收到业务部门的复审意见后，应当及时报请院领导提请审委会就法律适用分歧问题进行讨论。

**第十条** 审委会对法律适用分歧问题进行讨论，作出决定后，审管办应当及时将决定反馈给法律适用分歧解决申请报送单位，并按照该法律适用分歧问题及决定的性质提出发布形式与发布范围的意见，报经批准后予以落实。

**第十一条** 审委会关于法律适用分歧作出的决定，最高人民法院各业务部门、地方各级人民法院、各专门人民法院在审判执行工作中应当参照执行。

**第十二条** 本办法自2019年10月28日起施行。

# 法律适用分歧的解决方式与制度安排

贺小荣*

**内容提要** “类案同判”是现代法治社会应当恪守的一项基本原则，也是国家治理体系和治理能力现代化在司法领域的具体体现。与英美法系遵循先例的方法不同，大陆法系国家恪守制定法及对制定法的阐释，法律适用分歧也因此在大陆法系国家普遍存在。

但无论判例法国家或成文法国家，在解决法律适用分歧问题上均具有两个共同特点：一是在范围上主要集中在“原则重要性”和“歧异排除”两个方面；二是在形式上特别重视发挥最高法院在统一法律见解和裁判标准方面的重要作用。

要让最高人民法院的裁判能够真正成为代表国家意志的终局裁判，要让全社会真正接受和信赖最高人民法院的终局裁判，就必须建立一套符合司法规律的法律适用分歧解决机制。具体有以下六个方面的内容：一是要建立法律适用分歧的发现机制；二是要建立法律适用分歧的讨论机制；三是要建立法律适用分歧的约束机制；四是要建立法律适用分歧的决策机制；五是要建立法律适用分歧的评估机制；六是要建立法律适用分歧解决意见的公开机制。

与英美法系遵循先例的方法不同，大陆法系国家恪守制定法及对制定法的阐释，法律适用分歧也因此在大陆法系国家普遍存在。受法官教育背景、职业经历、司法经验、价值理念差异之影响，不同法官对于同一事实如何适用法律可能会得出截然相反的结论。

---

* 作者单位：最高人民法院。

在法官与法官、法官与不同审判组织之间为消除意见分歧而发生意志碰撞、融合的过程中，如何正确处理独立判断原则与多数决原则的冲突，如何更好地协调事实认定中的言词辩论原则与法律适用中会议讨论评议的相互关系，如何妥当安排审判权、监督权、管理权在集体意志形成过程中的权重以及位阶，都是解决法律适用分歧必须直面和回答的问题。

## 一、解决法律适用分歧的意义与价值

司法权作为代表国家行使的判断权和裁决权，应当坚守裁判标准的统一性。为此，国家建立了专门的法学教育体系和法律职业资格统一考试制度，目的就是让具有相同知识体系的人对同一类案件作出结果大致相同的判断。

最高人民法院作为行使国家终局裁判权的最高审判机关，其裁判标准的统一性备受社会各界关注。近年来，随着人民法院受理案件数量的快速增长（2018 年，最高人民法院受理案件 34794 件，地方各级人民法院受理案件 2800 万件），新类型案件的不断涌现，司法责任制改革的不断深化，最高人民法院坚守法律适用标准统一性的挑战与压力也与日俱增。特别是自 2014 年最高人民法院相继设立 6 个巡回法庭以来，实现“类案同判”已成为法律职业共同体近乎一致的呼吁和期盼。

“类案同判”是现代法治社会应当恪守的一项基本原则，也是国家治理体系和治理能力现代化在司法领域的具体体现。

其一，“类案同判”是权利平等的内在要求。按照“法律面前人人平等”这一宪法原则的内在精神，要件事实基本类似的案件，应当给予相同标准的裁判结果。“类案同判”能够最大程度地体现法治的平等性和公正性。

其二，“类案同判”可以为社会公众和市场主体提供相对明确的行为预期。同样的法律行为引致相同的法律后果，是构建法治社会秩序的必要条件，也是全体社会成员选择和决定自己行为方式并承担相应责任的法理基础。“类案不同判”的最大弊端是破坏了人们的行为预期，影响了社会成员对自己行为后果的准确判断，阻却了良好社会秩序的形成。

其三，“类案同判”可以减少市场主体为实现自身权利而选择诉讼维权的成本。无论是违约行为还是侵权行为，统一而透明的裁判标准可以为将要选择诉讼的当事人提供重要的行为指引，同时也为当事人选择庭外和解创造了条件。反之，如果同样或近似的违约行为可以获得截然不同的裁判结果，就会激发当事人双方选择诉讼维权的冲动，司法机关受理案件的数量也就会日益增多。

其四，“类案同判”有助于推进法官的职业化建设。同样或近似的事实要获得相同的裁判结果，首先要求法官群体必须有一套相对统一的司法理念、裁判技术和规则体系，而这种理念、技术和规则又必须通过长期的法学教育和职业训练累积而成。为了实现“类案同判”，法官群体就必须注重对裁判规则和司法技术的研讨交流，法官职业化的水平也会得到相应提高。

其五，“类案同判”有利于提高司法的质量和效率。相同的法律见解和裁判规则可以统一上下级法院之间、法官与律师之间的司法认知和裁判预期，这就会大大减少上诉、再审案件的比例，同时也可以从程序上减少发回重审、指令再审的案件数量，有效提高司法的质量和效率，大大节约诉讼的成本，不断提高司法裁判的公信力。

## 二、域外解决法律适用分歧的方式及启示

为了统一裁判标准，各个国家在解决法律适用分歧方面都有不同的方式和路径，形成了一些相对固定的制度。但无论判例法国家或成文法国家，在解决法律适用分歧问题上均具有两个共同特点。

一是在范围上主要集中在“原则重要性”和“歧异排除”两个方面。“原则重要性”实际上涉及司法机关创设规则的问题，即案件涉及问题的意义已经超越了案件当事人在个案中的利益，需要提炼出相对统一的法律见解以约束未来类似案件裁判时的一种方法。“歧异排除”是正在审理案件的法律适用与本院或者上级法院的在先判例相冲突时统一裁判标准的一种方法。

二是在形式上特别重视发挥最高法院在统一法律见解和裁判标准方面的重要作用。最高法院作为各国行使终审权的机关，其作出的裁判具有终局性。最高法院裁判的权威性和指导性直接影响着一个国家法律适用的统一，在一定程度上，这也决定了几乎所有国家的最高法院都负有统一全国法律适用标准的责任与义务。在一定意义上，也正因如此，最高法院在统一法律适用标准、解决法律适用分歧方面的功能被世界各国立法普遍肯定。

美国作为较为典型的判例法国家，在解决法律适用争议方面也有一个发展

演变的过程。20 世纪初期，美国联邦上诉法院遇到可能发生歧义的判决时，一般会将抽象的法律问题提交给联邦最高法院去处理。

后来美国联邦最高法院同意联邦上诉法院用全院模式（大法庭）审理案件，自此以后将抽象问题提交联邦最高法院审理的制度就慢慢失去了功能。美国为解决法律适用争议采取的大法庭制度，一般分为三种情况：一是上诉的时候当事人就主张应该适用大法庭审理；二是案件审理之后、判决之前，当事人可以请求或申请大法庭审理；三是判决宣告之后，在符合美国联邦上诉规则第 40 条所规定的期限内，联邦上诉法院可以将小法庭已经审理的案件交由一个大法庭重新审理。对于第三种判决宣告后再由大法庭审理的制度，必须经该院全体法官过半数以上同意才可以启动。而实体上的条件也有三个：一是该案与本院先前生效的裁判有冲突；二是该案与联邦最高法院的裁判有冲突；三是该案具有特殊重要性。

日本受大陆法系成文法传统的影响较大，立法上并未采用判例拘束性原则。日本最高裁判所有 15 名法官，分为 3 个小法庭，每个法庭通常由 5 名法官组成。日本最高裁判所亦设有全体法官组成之大法庭，审判长由院长担任，参与审理的最低法定人数为 9 人。大法庭审理的案件为：（1）基于当事人主张，判断法律、条例、命令、规则或处分是否符合宪法；（2）法院认为法律、条例、命令、规则或处分违宪时；（3）原裁判关于宪法或其他法令之解释适用，所持见解与最高裁判所之裁判先例相异时；（4）小法庭各法官意见不同，持不同意见法官的人数相同时；（5）小法庭认为交付大法庭审理为宜时；（6）法官身份之裁判；（7）人事官之弹劾裁判。

日本最高裁判所自 2008 年至 2017 年 12 月间，大法庭共受理 14 件案件。日本最高裁判所有一个 7 人组成的判例委员会，每月召开一次会议，专门挑选最高裁判所判决中具有普遍参考价值的判例。在日本，判例具有规范下级法院裁判的功能，下级法院有遵守判例的义务。对于相同类别案件应当作出相同之判断，因而产生裁判结果之预测可能性，进而实现法的安定性。在日本，判例在事实上的指导力毋庸置疑，但其在制度上并不承认判例的立法属性。

德国是大陆法系国家的典型代表，其解决法律适用争议的方法具有较为广泛的影响力。除联邦宪法法院外，德国另设有联邦最高法院（实为联邦最高民事刑事法院）、行政法院、财政法院、劳动法院、社会法院等五个终审法院。

德国自1879年帝国法院成立初期，即设立联合民事审判庭、联合刑事审判庭以处理各民庭之间、刑庭之间裁判的内部冲突。1935年后，德国取消了全体大会而改设民事大法庭、刑事大法庭，一直延续至今。

德国联邦大法庭受理的案件类型有“歧异提案”与“原则重要性”提案两类。“歧异提案”是指最高法院审判庭对法律问题拟与同院其他法庭之先前裁判不同时，负有提案义务，必须将法律问题提交大法庭决定。大法庭统一法律见解后，提案法庭必须据此裁判。反之，如果因同院其他法庭不同见解之裁判在先，审判法庭未经大法庭提案程序，便不得作出与其他法庭见解相异的裁判。

“原则重要性”提案，是指审判法庭依其见解认为有可能创制规则或者有确保裁判一致性之必要时，可以将具有原则上重要性的问题提交大法庭裁判。德国联邦最高法院刑事大法庭，由5个刑庭各庭2位法官与院长共计11人组成；民事大法庭，由12个民庭各庭1位法官与院长共计13人组成。

德国在解决法律适用分歧时采取了中间裁判模式，也称为“二阶制”，即最高法院小法庭提交审判中的案件，大法庭作出一个关于法律问题的中间裁判，最后案件再回到小法庭作出终局裁判。

法国也是大陆法系具有广泛影响力的国家，但其解决法律适用分歧的方法却选择了与德国、日本并不相同的模式。法国最高法院设有6个审判法庭，分别是民事一庭、民事二庭、民事三庭、商事财经法庭、社会法庭、刑事法庭。法国最高法院统一法律见解的路径有两条。

一是全院联席会制度。由6个庭各派3人（庭长、资深法官、法官各1位）与院长共计19人参加，专门讨论法律上具有原则性的案件，特别是各事实审法院见解有所分歧或事实审法院与最高法院见解有所歧异的案件。案件如经全院联席会讨论，原审法院必须依照全院联席会的见解而为裁判。

二是请示咨询制度。请示咨询是由事实审法官提起，必须具备以下三个条件：（1）请示所涉及的必须是新法律问题；（2）该法律问题确属疑难复杂；（3）该法律问题引发大量诉讼。请示咨询是法国最高法院最原始、最基本的职权，最高法院的咨询意见在理论上并不拘束请求咨询法院之法官，但事实上仍具有相当程度之拘束力。

分析各国在解决法律适用争议方面的不同实践，无论是德国、日本的大法庭制度，还是法国的全院联席会制度，我们从中不难看出解决法律适用分歧问题的内在规律。

一是对象必须明确。法律适用分歧解决机制的适用范围仅限于在审案件与在先判例存在冲突以及涉及创设裁判规则等原则性重要问题的情形，不能任意拓展法律适用分歧解决机制的适用范围。

二是程序必须严格。法律适用分歧解决机制必须有严格的程序作保障，无论是大法庭制度还是全院联席会制度，从启动条件、人员构成、讨论程序、决议形成等均有一套完整的运行机制。

三是结论必须权威。法律适用分歧解决机制的生命力在于其结论的权威性和公信力。尽管在成文法国家，判例很难具有立法的地位和属性，但判例对下级法院和未来同类案件的拘束力却不可动摇。

### 三、建立具有中国特色的法律适用分歧解决机制

随着中国法治建设进程的加快，解决法律适用分歧已经成为实现国家治理体系和治理能力现代化的重要内容。党的十八大以来，最高人民法院为解决法律适用分歧进行了积极探索，出台了一系列关于解决法律适用分歧的规范性文件。

2014 年 7 月，最高人民法院发布了《人民法院第四个五年改革纲要》，明确提出要改革和完善指导性案例的筛选、评估和发布机制，健全、完善确保人民法院统一适用法律的工作机制。

2015 年 9 月，出台了《关于完善人民法院司法责任制的若干意见》，分别就建立专业法官会议和完善审判委员会运行机制作出了具体规定。

2019 年 9 月，最高人民法院印发了《关于健全完善人民法院审判委员会工作机制的意见》，对审判委员会的组成、职能以及运行机制作出了具体规定。这几个文件的出台，为建立具有中国特色的法律适用分歧解决机制奠定了良好的制度基础。

我国在解决法律适用分歧方面具有两个较为明显的体制特征。

一是人民法院依法独立行使审判权的宪法定位。我国宪法第一百三十一条规定："人民法院依照法律规定独立行使审判权，不受行政机关、社会团体和个人的干涉。"我国民事诉讼法第六条规定："民事案件的审判权由人民法院

行使。”因此，我国各级法院作出的裁判，实际上是法官、合议庭以及审判委员会按照法定程序形成的集体意志，法律适用分歧完全可以在集体意志形成的过程中被吸收和化解。

二是相对成熟的审判委员会集体讨论机制。我国法院组织法第三十七条规定：“审判委员会履行下列职能：（一）总结审判工作经验；（二）讨论决定重大、疑难、复杂案件的法律适用；（三）讨论决定本院已经发生法律效力的判决、裁定、调解书是否应当再审；（四）讨论决定其他有关审判工作的重大问题。最高人民法院对属于审判工作中具体应用法律的问题进行解释，应当由审判委员会全体会议讨论通过；发布指导性案例，可以由审判委员会专业委员会会议讨论通过。”

我国法院组织法对审判委员会职能和范围的规定，全面总结吸收了多年来各级法院审判委员会的经验，形成了相对稳定成熟的工作机制（我国台湾地区中央警察大学黄朝义教授认为：“法官依法独立审判的结果，代表法官可以不受任何机关之干涉，独立作出法律判断而为妥适的判决，但也代表着不同的法官对于相同事实与相同法律却可能作出不同结论之判决，这将会带来违反法安定性的问题。”从此观点而论，在审判过程中，可能会面临法律适用解释的一致性与法院独立审判精神间的不一致问题）。

按照我国法律对于审判权力运行机制的制度安排，我国法院的审判组织主要有独任法官、合议庭、审判委员会三种形式。除独任法官负责审理适用简易程序的第一审民事案件外，其他一审、二审和再审案件均由合议庭负责审理。因此，合议庭是我国法院最主要的一种审判组织形式。

我国法院组织法第三十一条规定：“合议庭评议案件应当按照多数人的意见作出决定，少数人的意见应当记入笔录。”从以上法律规定中不难看出，我国各级法院普遍采用多数决原则来解决合议庭内部的法律适用分歧。

而由合议庭的意志上升为法院的集体意志，中间是否需要设置必要的监督制约环节？由于地方各级法院的一审或二审裁判有上诉和再审程序作保障，当事人的实体权利尚可以得到救济，那么如果最高人民法院由3人组成的合议庭在解决法律适用分歧时简单采取2∶1的多数决原则，由此形成代表国家终审权的终局裁判，是否能够赢得社会公众的普遍信赖，不无疑问。这显然存在一定的不足与缺憾。

特别是6个巡回法庭相继成立以后，合议庭与合议庭之间、巡回法庭与巡回法庭之间、巡回法庭与最高人民法院本部之间面对法律适用分歧时如何解决？这成为当前亟待研究和规范的一个重大问题。

我国宪法第一百三十二条规定："最高人民法院是最高审判机关。"最高人民法院的判决和裁定是直接发生法律效力的终局裁判，当事人没有上诉救济的渠道。

因此，要让最高人民法院的裁判能够真正成为代表国家意志的终局裁判，要让全社会真正接受和信赖最高人民法院的终局裁判，就必须建立一套符合司法规律的法律适用分歧解决机制。具体有以下六个方面的内容。

一是要建立法律适用分歧的发现机制。合议庭对法律适用问题的分歧来自内外两条路径：其一，合议庭在评议案件时就法律适用问题形成两种相互对立的意见，合议庭一致建议或者持少数意见的人要求提交法官会议讨论，庭长认为确有必要的。其二，合议庭虽然形成了一致意见，但通过类案强制检索，发现案件裁判结果与本院或者上级法院的生效裁判在法律适用问题上发生冲突，必须提交法官会议和审判委员会讨论的。

上述两种法律适用分歧的发现路径，都与合议庭成员的人员数量、知识结构、职业经历具有密切的关系。我国法律规定了合议庭内部法律适用分歧采取多数决原则，也即3人合议庭中只要形成2：1的评议结果，裁判即具有正当性。但由最高人民法院作出的终局裁判，选择5人以上的大合议庭与其裁判的地位和属性应更加匹配。

2018年8月以来，最高人民法院第二巡回法庭在重大民商事二审案件的审理上探索推行了5人合议庭制度，并且在人员结构上强调私法背景与公法背景的互补，将民商事法官与行政法官、刑事法官共同组成大合议庭（3+1+1），使不同专业背景的法律专业人员观点相互碰撞和补充，从而对纠纷解决路径进行多角度、全方位论证权衡，有利于法律适用分歧的发现与解决，有利于形成更加公正合理的纠纷化解渠道。

实践证明，在5人合议庭审理的案件中，虽然法律适用分歧发生的概率较大，但当事人服判息诉的比例明显提高，司法公信力也得到较大幅度的提升。应当特别强调的是，如果没有法律适用分歧的发现机制，案件中潜藏的法律冲突就不可能进入法官会议和审判委员会讨论的范围之内，法律的安定性和可预期性就得不到有效保障。

二是要建立法律适用分歧的讨论机制。合议庭将法律适用分歧提交给法官会议后，法官会议的讨论规则和表决程序又直接决定会议决议的质量。一般来讲，法官会议的质量取决于如下三个环节。

（1）案件摘要的形成。合议庭必须提炼简短的案情简介，内容涵盖案件的主要事实构成和法律争点，并简要介绍合议庭内部法律适用分歧或者与在先裁判冲突的观点及理由。根据实践观察，案件摘要的质量是法官会议决议质量的前提和基础。

（2）讨论表决的程序。法官会议必须严格按照法官资历由低到高依次进行表决，除对案件事实进行提问外，资深法官和庭长不得抢先发表意见。在实践中，有的庭长为了提高效率，习惯于指定一位熟悉该领域的资深法官率先发表意见，导致其他法官受其影响而不能客观发表自己的真实意见，影响了法官会议决议的质量。

（3）会议决议的形成。法官会议的主持人应当客观全面归纳与会法官的意见，并将多数人意见提炼概括为可以普遍适用的裁判观点和法律见解，然后由会议秘书会同庭长委托的一位资深法官共同撰写出法官会议纪要并存档备查。

三是要建立法律适用分歧的约束机制。法官会议纪要对合议庭仅具有参考作用，但丝毫不能轻视法官会议纪要对合议庭和全庭法官的约束功能。

如果合议庭的多数人拒绝接受法官会议的多数人意见，该案件必须提交院审判委员会讨论决定；如果审判委员会讨论后形成的意见与法官会议的多数人意见相同，持合议庭多数意见的人应当对自己的意见进行总结和分析；如果合议庭多数人的意见1年内数次被审判委员会否定，该合议庭的多数人应当停职进修或者接受专门领域的业务培训，情节严重的还可能有退出员额法官的风险。反之，如果法官会议的多数人意见数次被审判委员会否定，庭长应当组织全体法官进行分析总结，找出解决法律适用分歧中存在的问题与短板，不断提高全体法官的职业水平。

四是要建立法律适用分歧的决策机制。法官会议作为法院内部解决法律适用分歧的一种重要方式，因缺少法律制度的支持而不能从根本上解决争议。为了有效解决法律适用的分歧，必须完善法官会议与审判委员会的衔接机制。

（1）合议庭发生法律适用分歧后，未经法官会议讨论，不能直接提交审判委员会讨论。

（2）法官会议决议与合议庭意见不一致时，合议庭必须再行合议一次；合议庭合议后仍然坚持原来意见的，才可以提交审判委员会讨论。

（3）审判委员会讨论时，合议庭除汇报合议庭的不同意见外，还必须客观、全面地汇报法官会议讨论的结果，主持法官会议的庭长或副庭长可以就法官会议讨论的情况进行必要补充。

（4）审判委员会讨论的结果，合议庭必须无条件执行。因此，最高人民法院审判委员会才是最终解决法律适用分歧的最高审判组织。

五是要建立法律适用分歧的评估机制。法律适用分歧的解决过程是一个不断发展变化的过程。随着立法步伐的加快，原有的法律适用分歧因制定法的明晰而自然消解，而新法的适用又会引发新的法律适用分歧。

因此，通过审判委员会定期分析、评估司法解释、指导性案例等一系列用以解决法律适用分歧的裁判规则，及时修改、废止与现行法律不一致的批复、问题解答以及会议纪要，可以确保最高人民法院法律适用标准的统一性和权威性。

六是要建立法律适用分歧解决意见的公开机制。法律适用分歧解决机制的价值是确保一个国家法律的安定性和可预期性。如果解决法律适用分歧的意见不能及时向社会公开，不仅不利于法律职业共同体在同样的规则体系下对话交流，也不利于社会民众在参与市场竞争中合理调适自己的商业行为。因此，定期公开最高审判机关解决法律适用分歧的意见，对于提高司法的质量和效率具有特别重要的意义。

最高人民法院

# 关于依法妥善审理高空抛物、坠物案件的意见

2019年10月21日　　法发〔2019〕25号

近年来，高空抛物、坠物事件不断发生，严重危害公共安全，侵害人民群众合法权益，影响社会和谐稳定。为充分发挥司法审判的惩罚、规范和预防功能，依法妥善审理高空抛物、坠物案件，切实维护人民群众“头顶上的安全”，保障人民安居乐业，维护社会公平正义，依据《中华人民共和国刑法》《中华人民共和国侵权责任法》等相关法律，提出如下意见。

## 一、加强源头治理，监督支持依法行政，有效预防和惩治高空抛物、坠物行为

1. 树立预防和惩治高空抛物、坠物行为的基本理念。人民法院要切实贯彻以人民为中心的发展理念，将预防和惩治高空抛物、坠物行为作为当前和今后一段时期的重要任务，充分发挥司法职能作用，保护人民群众生命财产安全。要积极推动预防和惩治高空抛物、坠物行为的综合治理、协同治理工作，及时排查整治安全隐患，确保人民群众“头顶上的安全”，不断增强人民群众的幸福感、安全感。要努力实现依法制裁、救济损害与维护公共安全、保障人民群众安居乐业的有机统一，促进社会和谐稳定。

2. 积极推动将高空抛物、坠物行为的预防与惩治纳入诉源治理机制建设。切实发挥人民法院在诉源治理中的参与、推动、规范和保障作用，加强与公安、基层组织等的联动，积极推动和助力有关部门完善防范高空抛物、坠物的

工作举措，形成有效合力。注重发挥司法建议作用，对在审理高空抛物、坠物案件中发现行政机关、基层组织、物业服务企业等有关单位存在的工作疏漏、隐患风险等问题，及时提出司法建议，督促整改。

3. 充分发挥行政审判促进依法行政的职能作用。注重发挥行政审判对预防和惩治高空抛物、坠物行为的积极作用，切实保护受害人依法申请行政机关履行保护其人身权、财产权等合法权益法定职责的权利，监督行政机关依法行使行政职权、履行相应职责。受害人等行政相对方对行政机关在履职过程中违法行使职权或者不作为提起行政诉讼的，人民法院应当依法及时受理。

## 二、依法惩处构成犯罪的高空抛物、坠物行为，切实维护人民群众生命财产安全

4. 充分认识高空抛物、坠物行为的社会危害性。高空抛物、坠物行为损害人民群众人身、财产安全，极易造成人身伤亡和财产损失，引发社会矛盾纠纷。人民法院要高度重视高空抛物、坠物行为的现实危害，深刻认识运用刑罚手段惩治情节和后果严重的高空抛物、坠物行为的必要性和重要性，依法惩治此类犯罪行为，有效防范、坚决遏制此类行为发生。

5. 准确认定高空抛物犯罪。对于高空抛物行为，应当根据行为人的动机、抛物场所、抛掷物的情况以及造成的后果等因素，全面考量行为的社会危害程度，准确判断行为性质，正确适用罪名，准确裁量刑罚。

故意从高空抛弃物品，尚未造成严重后果，但足以危害公共安全的，依照刑法第一百一十四条规定的以危险方法危害公共安全罪定罪处罚；致人重伤、死亡或者使公私财产遭受重大损失的，依照刑法第一百一十五条第一款的规定处罚。为伤害、杀害特定人员实施上述行为的，依照故意伤害罪、故意杀人罪定罪处罚。

6. 依法从重惩治高空抛物犯罪。具有下列情形之一的，应当从重处罚，一般不得适用缓刑：（1）多次实施的；（2）经劝阻仍继续实施的；（3）受过刑事处罚或者行政处罚后又实施的；（4）在人员密集场所实施的；（5）其他情节严重的情形。

7. 准确认定高空坠物犯罪。过失导致物品从高空坠落，致人死亡、重伤，符合刑法第二百三十三条、第二百三十五条规定的，依照过失致人死亡罪、过

失致人重伤罪定罪处罚。在生产、作业中违反有关安全管理规定，从高空坠落物品，发生重大伤亡事故或者造成其他严重后果的，依照刑法第一百三十四条第一款的规定，以重大责任事故罪定罪处罚。

## 三、坚持司法为民、公正司法，依法妥善审理高空抛物、坠物民事案件

8. 加强高空抛物、坠物民事案件的审判工作。人民法院在处理高空抛物、坠物民事案件时，要充分认识此类案件中侵权行为给人民群众生命、健康、财产造成的严重损害，把维护人民群众合法权益放在首位。针对此类案件直接侵权人查找难、影响面广、处理难度大等特点，要创新审判方式，坚持多措并举，依法严惩高空抛物行为人，充分保护受害人。

9. 做好诉讼服务与立案释明工作。人民法院对高空抛物、坠物案件，要坚持有案必立、有诉必理，为受害人线上线下立案提供方便。在受理从建筑物中抛掷物品、坠落物品造成他人损害的纠纷案件时，要向当事人释明尽量提供具体明确的侵权人，尽量限缩“可能加害的建筑物使用人”范围，减轻当事人诉累。对侵权人不明又不能依法追加其他责任人的，引导当事人通过多元化纠纷解决机制化解矛盾、补偿损失。

10. 综合运用民事诉讼证据规则。人民法院在适用侵权责任法第八十七条裁判案件时，对能够证明自己不是侵权人的“可能加害的建筑物使用人”，依法予以免责。要加大依职权调查取证力度，积极主动向物业服务企业、周边群众、技术专家等询问查证，加强与公安部门、基层组织等沟通协调，充分运用日常生活经验法则，最大限度查找确定直接侵权人并依法判决其承担侵权责任。

11. 区分坠落物、抛掷物的不同法律适用规则。建筑物及其搁置物、悬挂物发生脱落、坠落造成他人损害的，所有人、管理人或者使用人不能证明自己没有过错的，人民法院应当适用侵权责任法第八十五条的规定，依法判决其承担侵权责任；有其他责任人的，所有人、管理人或者使用人赔偿后向其他责任人主张追偿权的，人民法院应予支持。从建筑物中抛掷物品造成他人损害的，应当尽量查明直接侵权人，并依法判决其承担侵权责任。

12. 依法确定物业服务企业的责任。物业服务企业不履行或者不完全履行

物业服务合同约定或者法律法规规定、相关行业规范确定的维修、养护、管理和维护义务，造成建筑物及其搁置物、悬挂物发生脱落、坠落致使他人损害的，人民法院依法判决其承担侵权责任。有其他责任人的，物业服务企业承担责任后，向其他责任人行使追偿权的，人民法院应予支持。物业服务企业隐匿、销毁、篡改或者拒不向人民法院提供相应证据，导致案件事实难以认定的，应当承担相应的不利后果。

13. 完善相关的审判程序机制。人民法院在审理疑难复杂或社会影响较大的高空抛物、坠物民事案件时，要充分运用人民陪审员、合议庭、主审法官会议等机制，充分发挥院、庭长的监督职责。涉及侵权责任法第八十七条适用的，可以提交院审判委员会讨论决定。

## 四、注重多元化解，坚持多措并举，不断完善预防和调处高空抛物、坠物纠纷的工作机制

14. 充分发挥多元解纷机制的作用。人民法院应当将高空抛物、坠物民事案件的处理纳入到建设一站式多元解纷机制的整体工作中，加强诉前、诉中调解工作，有效化解矛盾纠纷，努力实现法律效果与社会效果相统一。要根据每一个高空抛物、坠物案件的具体特点，带着对受害人的真挚感情，为当事人解难题、办实事，尽力做好调解工作，力促案结事了人和。

15. 推动完善社会救助工作。要充分运用诉讼费缓减免和司法救助制度，依法及时对经济上确有困难的高空抛物、坠物案件受害人给予救济。通过案件裁判、规则指引积极引导当事人参加社会保险转移风险、分担损失。支持各级政府有关部门探索建立高空抛物事故社会救助基金或者进行试点工作，对受害人损害进行合理分担。

16. 积极完善工作举措。要通过多种形式特别是人民群众喜闻乐见的方式加强法治宣传，持续强化以案释法工作，充分发挥司法裁判规范、指导、评价、引领社会价值的重要作用，大力弘扬社会主义核心价值观，形成良好社会风尚。要深入调研高空抛物、坠物案件的司法适用疑难问题，认真总结审判经验。对审理高空抛物、坠物案件中发现的新情况、新问题，及时层报最高人民法院。

［部门规章、规章性文件与解读］

国家知识产权局

# 关于印发《专利申请集中审查管理办法（试行）》的通知

2019 年 8 月 30 日　　国知发法字〔2019〕47 号

**各省、自治区、直辖市、计划单列市、副省级城市、新疆生产建设兵团知识产权局（知识产权管理部门），局机关各部门，专利局各部门，商标局，局其他直属单位、各社会团体，各有关单位：**

为落实《国务院关于新形势下加快知识产权强国建设的若干意见》，建立重点优势产业专利申请的集中审查制度，制定《专利申请集中审查管理办法（试行）》，现予印发，请遵照执行。

特此通知。

## 专利申请集中审查管理办法（试行）

**第一条**　为了落实《国务院关于新形势下加快知识产权强国建设的若干意见》（国发〔2015〕71 号）要求，支持培育核心专利，加快产业专利布局，推进国家知识产权战略实施和知识产权强国建设，服务创新驱动发展战略，制定本办法。

**第二条**　集中审查是指为了加强对专利申请组合整体技术的理解，提高审查意见通知书的有效性，提升审查质量和审查效率，国家知识产权局依申请人或省级知识产权管理部门等提出的请求，围绕同一项关键技术的专利申请组合集中进行审查的专利审查模式。

**第三条** 请求进行集中审查的专利申请应当符合以下条件：

（一）实质审查请求已生效且未开始审查的发明专利申请。对于同一申请人同日对同样的发明创造既申请实用新型专利又申请发明专利的，该发明专利申请暂不纳入集中审查范围。

（二）涉及国家重点优势产业，或对国家利益、公共利益具有重大意义。

（三）同一批次内申请数量不低于 50 件，且实质审查请求生效时间跨度不超过一年。

（四）未享受过优先审查等其他审查政策。

**第四条** 提出集中审查的请求人需向国家知识产权局专利局审查业务管理部（下称“审查业务管理部”）提交集中审查请求材料，材料中应详细说明请求集中审查的具体理由，专利申请清单以及每一件专利申请与专利申请组合的对应关系，全部专利申请人的签字或盖章以及联系人和联系方式。专利申请清单同时还应当提交一份电子件。

**第五条** 专利申请集中审查工作由审查业务管理部和国家知识产权局专利局审查部门单位（下称“审查部门单位”）共同组织开展。

**第六条** 审查业务管理部负责集中审查工作的统筹与协调，主要包括以下内容：

（一）对集中审查请求进行受理、审核。

（二）综合考虑申请人需求、案源审序和所属技术领域的审查能力等因素，集中审查的启动时间一般在实审生效已满 3 个月后，并在案源系统中对集中审查案件进行标记。

（三）组织相关审查部门单位实施集中审查。

（四）其他需要统筹与协调的工作。

**第七条** 审查部门单位负责案件的集中审查，主要包括以下内容：

（一）成立集中审查工作管理小组，组织协调本部门单位的集中审查工作。

（二）组织审查质量高、经验丰富、责任心强的优秀审查员承担集中审查工作。

（三）根据需要组织开展技术说明会、会晤、调研、巡回审查等。

（四）其他与集中审查有关工作。

**第八条** 经审批同意进行集中审查的，专利申请人应当积极配合集中审查实施，主要包括以下内容：

（一）根据审查部门单位的要求，提供相关技术资料。

（二）积极配合审查部门单位提出的技术说明会、会晤、调研、巡回审查等。

（三）及时对集中审查开展过程中的问题、经验、效果和价值等情况进行反馈。

（四）其他需要配合的工作。

**第九条** 正在实施集中审查的专利申请，有下列情形之一的，审查业务管理部或审查部门单位可以终止同批次集中审查程序：

（一）申请人提交虚假材料。

（二）申请人不履行本办法第八条相关义务。

（三）在审查过程中发现存在非正常专利申请。

（四）申请人主动提出终止集中审查程序。

（五）其他应终止集中审查程序的情形。

**第十条** 本办法由国家知识产权局专利局审查业务管理部负责解释。

**第十一条** 本办法自公布之日起施行。

# 国家知识产权局有关负责人解读《专利申请集中审查管理办法（试行）》

## 一、起草背景

为了更好地促进产业结构优化升级，推进国家知识产权战略实施，近几年国家知识产权局持续创新审查模式，先后实施了优先审查、巡回审查，并取得了良好的效果。随着我国创新主体创新能力的不断增强和知识产权保护水平的提高，公众对围绕一项关键技术进行专利布局的系列专利申请进行集中审查的需求越来越强烈。2015年发布的《国务院关于新形势下加快知识产权强国建设的若干意见》（国发〔2015〕71号）（以下简称71号文）也明确要求“建立重点优势产业专利申请的集中审查制度”。为此国家知识产权局在前期课题研究和总结试点工作经验基础上，起草了《专利申请集中审查管理办法（试行）》（以下简称《办法》）。

## 二、主要内容

### （一）集中审查的适用条件

集中审查针对的是围绕一项关键技术的发明专利申请组合，它满足的是对关键技术进行专利布局的需求而非个案的加快审查。《办法》第三条规定，其适用条件包括四个方面：一是同批次内所有发明专利申请均已进入实质审查阶段，且实审生效日期跨度不超过一年，其中就同样的发明创造同日申请了实用新型的发明专利申请不纳入集中审查范围。二是出于国家需求考虑，集中审查主要针对涉及国家重点优势产业或对国家利益、公共利益具有重大意义的申请。三是请求同批次进行集中审查的申请数量不低于50件。四是为避免重复配置审查资源，已享受优先审查等其他审查政策的申请不再纳入集中审查。

上述几点，都明确了与优先审查管理办法的不同，并且各有侧重，集中审查侧重于进行专利布局的高质量批量案件，优先审查侧重于高质量个案。

### （二）请求集中审查的主体

集中审查依请求而启动，专利申请人或省级知识产权管理部门都可以提出。当有多个申请人时，应当经全体申请人同意。

### （三）集中审查请求人需要提交的材料

集中审查请求人需要提交《专利申请集中审查请求书》以及专利申请清单（清单需提交纸件和电子件各一份）（参见附件1和2）以及需要的其他材料。请求书中应填写请求人、联系人及联系方式、所属技术领域、请求集中审查理由及全部专利申请人的签字或盖章。特别是，请求书中应详细说明请求集中审查的理由，电子申请清单中应当写明每件专利申请与所主张的“关键技术”的关系，上述内容将帮助国家知识产权局判断进行集中审查的必要性和可行性。

（四）集中审查请求材料的提交形式

集中审查请求材料可以通过信函方式寄交，其中专利申请清单的电子件请以光盘介质的形式随纸件一并寄送。

寄件地址为：北京市海淀区西土城路6号国家知识产权局专利局审查业务管理部，邮编100088（请于信封上注明“集中审查”）。

（五）集中审查请求的审核结果的反馈

对集中审查请求的审核结果将通过请求书中注明的联系方式及时反馈给联系人。经审核决定不予集中审查的申请将继续按照常规程序进行审查。

（六）集中审查过程中申请人如何配合

为提高审查质量，集中审查更注重审查过程中与申请人的充分沟通。集中审查实施过程中，申请人应积极配合审查部门单位的请求，提供相关技术资料，配合开展技术说明会、会晤、调研、巡回审查等。

（七）专利申请集中审查程序终止的情形

《办法》第九条列举了终止集中审查程序的几种典型情况：一是申请人违反诚信原则提交了虚假材料；二是申请人不配合提供相关技术资料、不配合开展技术说明会、会晤、调研和巡回审查等有助于集中审查实施的工作；三是在审查过程中发现该批次案件中存在非正常申请；四是申请人主动提出了终止集中审查的请求。需要注意的是，一旦触发上述条件之一，整个批次的案件都将被终止集中审查程序，转为按照常规程序进行审查。

（八）集中审查的结案时限及答复期限

与优先审查不同，集中审查涉及大量申请，每件申请的情况差异会很大，故没有设置最长结案时限。

专利申请人答复审查意见通知书的期限与普通案件相同，申请人答复时间的快慢会对审查部门单位发出下一次审查意见通知书的时间产生影响。

**附件1：**

# 专利申请集中审查请求书

<table>
<tr><td>请求人</td><td colspan="3"></td></tr>
<tr><td>联系人</td><td></td><td>联系方式</td><td>*（请提供电话、邮箱等信息）*</td></tr>
<tr><td>所涉关键技术内容</td><td colspan="3"></td></tr>
<tr><td>请求集中审查的案件情况</td><td colspan="3">本次请求集中审查的案件共计：　　　　件。<br>□随请求书一并提交了《请求集中审查的发明专利申请案件清单》。</td></tr>
<tr><td>请求集中审查的理由</td><td colspan="3">*（请详细说明请求集中审查的具体理由<br>还可提交其他辅助性材料，包括说明其专利重要性的材料，例如国家重大专项立项证明或者专家推荐，以及可专利性说明和现有技术等。<br>内容较多表格填写不下时可另行附页）*</td></tr>
<tr><td>全体专利申请人签字或盖章</td><td colspan="3">年　　月　　日</td></tr>
</table>

附件2：

## 请求集中审查的发明专利申请案件清单

| 序号 | 申请号 | 发明名称 | 申请人 | 与关键技术的对应关系 |
| --- | --- | --- | --- | --- |
| | | | | |
| | | | | |
| | | | | |
| | | | | |
| | | | | |
| | | | | |
| | | | | |
| | | | | |
| | | | | |

[地方司法文件与解读]

# 北京破产法庭十大破产典型案例

（2019 年 10 月 29 日）

**编者按：**作为市场经济法律体系的一项基础性法律制度，企业破产法功能作用的有效发挥，不仅有赖于破产法制及配套机制的健全完善，也有赖于破产审判部门的良好司法实践。2016 年 9 月，北京市第一中级人民法院（以下简称一中院）破产庭成立以来，认真贯彻新发展理念，积极创新破产审判机制方式，有效破解影响破产审判质量、效率的诸多瓶颈问题，成功审结了全国首例“两网”公司破产重整案、北京法院首例适用破产网拍案件、一中院首例破产和解案件等，彰显了破产审判工作在拯救危困企业、规范市场主体退出、促进产业结构调整和优化营商环境方面的重要功能，取得良好的法律效果和社会效果。本次发布的典型案例涵盖破产重整、破产清算、破产和解三种程序，破产企业性质涉及国有“僵尸企业”、民营企业、外商独资企业等，从不同侧面反映了一中院对破产法市场化、法治化实施导向的坚持、探索和创新，同时也为从实践层面验证破产制度的有效性，提升北京“办理破产”指标提供例证。

案例 1

## 北京理工中兴科技股份有限公司破产重整案

**基本案情**

北京理工中兴科技股份有限公司（以下简称京中兴公司）成立于 1992 年 12 月 1 日，1993 年获批在中国证券交易系统（“NET 系统”）上市交易。2014 年 5 月，全国中小企业股份转让系统开通后，京中兴公司成为在该系统登记代办转让的非上市公众公司，股份总数 25672 万股，其中流通股 17090 万股，股东达 1.4 万余名。

作为北京市高新技术企业，京中兴公司股价最高曾达 12.5 元，但由于企业生产技术与开发能力缺乏显著进步，加之公司股份流动性差，停牌前股价连续多年低迷。截至 2017 年，公司资产总额 979.66 万元，负债总额近亿元，已严重资不抵债。债权人以不能清偿到期债务为由，向一中院申请京中兴公司破产重整。同年 7 月 10 日，一中院受理审查该案。

**审理情况**

在破产重整申请审查阶段，债务人和投资人均表示为了使京中兴公司从次年开始盈利并早日实现主板上市的目标，迫切希望当年通过重整计划。合议庭在对债务人是否具有重整价值和挽救可能进行初步识别的基础上，决定采用预重整模式提高重整成功率。在审查阶段即通过摇号方式选任临时管理人，指导管理人在最短时间内与各方接洽，先期开展财产调查、权利审核等各项工作，并以听证形式多次组织相关主体进行谈判协商，引导主要债权人与债务人、投资方签署“预重整工作备忘录”等文件，就债权调整、经营方案以及重整路径等主要问题达成初步意向。

2017 年 9 月 15 日，一中院裁定受理京中兴公司破产重整案，指定预重整管理人为债务人管理人，对预重整期间开展的工作实现无缝衔接。12 月 8 日，第二次债权人会议采用现场表决和网络投票相结合的方式，对重整计划草案进行表决。债权人组 100% 表决通过，出资人组经现场和网络投票，通过率亦超过 87%。12 月 21 日，一中院裁定批准破产重整计划，终止重整程序。现投资人已根据重整计划向京中兴公司注入 8 亿余元的优质旅游资产并转增股份、清偿债务，债权清偿率达69.25%，是模拟清算条件下的7倍多，重整计划已顺利执行完毕，债权人、债务人、投资人和股东等各方利益实现多方共赢。

**典型意义**

本案系全国首例在全国证券交易自动报价系统（STAQ系统）和NET系统（以下简称“两网”系统）流通转让股票的股份公司破产重整案，也是北京法院采用预重整模式审结的首例案件。1999年，“两网”系统停止运行后，“两网”公司普遍存在经营困难、股份流动性差等问题，但由于京中兴公司仍然具备产业转型的基础，以及存在可能申请公开发行的政策优势，因而具有一定的重整价值。因京中兴公司重整案对时效性提出了较高要求，一中院积极发挥首创精神，为盘活企业经营价值赢得先机：

一是采用预重整方式，通过对识别机制、重整听证程序、沟通协调机制的综合运用，在尊重市场调节功能和商业判断的基础上，大大提高重整效率和成功率，充分发挥预重整的成本优势和效率优势；

二是探索选任临时管理人前期介入，有效弥补预重整阶段的空白，实现工作的高效衔接；

三是运用信息化手段有效维护股民等利害关系人的合法权益，通过网络投票实现“让信息多跑路，让当事人少跑腿”，大大降低程序成本，从受理破产重整申请到债权人会议表决通过重整计划草案，仅用时八十余天，确保京中兴公司在最短时间内涅槃重生，彰显了破产重整的制度价值。

本案也为其他“两网”公司通过破产重整重返资本市场提供借鉴，对落实北京关于“促进多层次金融市场体系建设，把企业上市作为一个重要增长点来抓”的要求，营造稳定公平透明、可预期的首都营商环境亦具有积极意义。该案入选全国法院十大破产典型案例。



案例2

## 万瑞飞鸿（北京）医疗器材有限公司破产重整案

**基本案情**

万瑞飞鸿（北京）医疗器材有限公司（以下简称万瑞飞鸿公司）成立于

2005年6月8日，作为北京市及中关村园区的“双料”高新技术企业，万瑞飞鸿公司拥有14项国家专利技术，其中公司自主研发的核心产品NOYA（“诺言”）药物洗脱心脏支架，具有优秀的临床效果和良好的市场前景。

2016年起，因企业内部管理问题以及市场经营方针出现偏差，公司资金链断裂，无法清偿到期债务，债权人向一中院申请万瑞飞鸿公司破产重整。根据第三方评估报告显示，万瑞飞鸿公司的资产总价值约为4695.4万元，但负债已达3.7亿元，公司处于严重亏损状态。鉴于万瑞飞鸿公司仍具有挽救价值，经识别审查，2018年8月13日，一中院裁定受理万瑞飞鸿公司破产重整案。

**审理情况**

万瑞飞鸿公司已于2016年停业，作为公司核心技术的NOYA（“诺言”）药物洗脱心脏支架，其产品注册证将于2021年到期。为维护企业运营价值，保障核心产品资质顺利续期，合议庭确立了市场化、法治化重整路径，以公开招募方式引入最优投资人，为公司注入1.8亿元资金。同时，吸收具备医药企业经营管理经验的专业人员加入管理人队伍，为企业重整提供专业支撑。灵活运用临时债权额机制、小额债权分段清偿以及债权确认纠纷集中处理等方式加快程序推进。

因重整期间，近200家债权人申报债权，申报数额逾5亿元，为充分保护债权人合法权益，合议庭与管理人及时与债权人进行沟通协调，并赋予权利主体充分的参与权和表决权。在第一次债权人会上，重整计划草案获得担保债权组、税款债权组全票通过，职工债权组、普通债权组的赞成率分别为91.52%、80.57%，出资人组赞成率为91.94%。2018年12月24日，一中院仅用四个多月，即裁定批准万瑞飞鸿公司重整计划。根据重整计划，普通债权中金额在50万元以下的部分，可获得全额现金清偿，50万元以上的部分清偿率达到23.6%，职工债权、税款债权将获得全额清偿。

在重整计划执行过程中，一中院继续坚持能动司法，积极协调有关职能部门和重整各方主体，实现了企业核心资料、生产经营场所和经营管理权的顺利交接。2019年8月，在一中院的组织指导下，管理人通过现金和转账方式共计向103名职工发放1900余万元，职工债权得到全额现金清偿。目前，万瑞飞鸿公司新的生产基地已建成，公司已具备复产能力。

**典型意义**

本案是一中院积极落实首都产业政策发展要求，通过快速重整为高科技民营企业纾难解困，促进民营企业健康发展的典型案例。根据《北京市关于印发加快创新构建高精尖经济结构系列文件的通知》要求，医药健康是北京市重点发展的高精尖产业之一。但是在经济增速放缓背景下，医药健康等高科技民营企业常常因研发周期和利润回报周期长、融资难度大导致资金流动性差，甚至爆发债务危机。

一中院因企施策，精准发力，努力为具有挽救价值的企业复兴解困、健康发展搭建平台、寻找机遇，同时坚持能动司法，依托府院协调机制解决阻碍重整计划执行的瓶颈问题，为危困民营企业发展提供及时保护、能动保护、实质保护，最终在维护企业核心价值的基础上助力企业换挡升级、提质增效，有效激发民营企业活力和创造力。

案件审理过程中，一中院同时注重对民生权益的重点关注和依法保障，通过全额清偿职工债权切实解决部分群众的经济困难，努力让人民群众在司法案件中的获得感、幸福感、安全感更加充实、更有保障。新华社、北京日报、北京电视台、《人民法院报》等中央和市属媒体以"外科手术式重整助力企业重生"对该案进行了宣传报道。

## 案例 3

# 国泰世行控股集团有限公司破产和解案

**基本案情**

国泰世行控股集团有限公司（以下简称国泰世行公司）成立于 2012 年 5 月 29 日，主营业务为投资管理、投资咨询等。在经营过程中，国泰世行公司因资金链断裂无力偿还债务。

2017 年，债权人依据生效仲裁裁决，向法院申请对国泰世行公司进行强制执行，并在执行过程中申请对该公司进行破产清算，执行法院依申请将该案移送一中院进行破产审查。2018 年 8 月 23 日，一中院裁定受理国泰世行公司破产清算案。

**审理情况**

因国泰世行公司仍处于开业状态，且债权债务关系简单，仅有45万余元负债，债权人和债务人均有和解意向。为避免国泰世行公司简单进行破产清算后彻底退出市场，合议庭释明引导当事人合理选择破产程序，并组织债权人与债务人多次协商偿债方案，积极促成各方达成和解共识。

2018年12月18日，国泰世行公司以该公司拟与债权人达成破产和解，最大限度清偿债权人的债权为由，向一中院申请破产和解并提交和解协议草案。合议庭对和解协议草案的合法性、可行性进行了重点审查，并依据债务人申请依法转入破产和解程序。12月21日，和解协议草案经债权人会议100%表决通过。依据和解协议，债务人引入第三方资金偿还债务，普通债权清偿率达到57.89%。12月24日，一中院裁定认可和解协议，终止和解程序。当天，国泰世行公司即向债权人偿还近95%的欠款。截至2019年1月底，破产和解协议已全部履行完毕，债务人主体资格得以继续存续，相关人员从失信被执行人名单上移除，执行案件也顺利终结。

**典型意义**

本案是一中院自2007年企业破产法实施以来审结的首例破产和解案件，是人民法院根据当事人意思自治灵活转换破产程序，充分发挥和解制度的破产预防功能，助力中小民营企业化解债务危机，实现再建重生的典型案例。破产和解程序具有程序简化、成本较低、当事人自治程度较高的特点，适宜用于挽救债权债务关系较为简单，不需要对企业经营结构做出重大选择的债务人企业。但是，实践中破产和解的司法案例较少，其制度作用的发挥受到局限。

本案中，一中院在受理国泰世行公司破产清算案件后，没有把“一张方子用到底”，而是根据案件具体情况向当事人充分释明破产程序的类型特点，在充分尊重债权人、债务人意思自治的基础上，适时把握关键节点依法转换破产程序，同时在清算程序中前置达成和解意向，为保障后续程序顺利进行、优化和解程序运行效果奠定基础。

本案中破产和解制度的成功运用，为困境民营企业，特别是中小民营企业的振兴提供了时间和机会，避免企业仅因财务困难退出市场，切实发挥了破产和解程序盘活企业资源、保存企业资格的积极作用，有效保护民营企业创新创业的积极性。

案例 4

# 兰博医信科技（北京）有限公司破产清算案

**基本案情**

兰博医信科技（北京）有限公司（以下简称兰博医信公司）成立于 2009 年 1 月 15 日，经营范围为研发、生产医用信息系统软硬件、技术转让等，系芬兰著名的医疗检验信息服务公司兰博银河有限责任公司（MYLAB GALACTICA OY）在我国投资设立的外商独资企业。

兰博医信公司成立后，与北京、天津、山东等十余家医院及境外多家企业建立合作关系，具有一定的行业影响力。近年来，兰博医信公司因经营不善出现严重亏损，公司以其无力清偿到期债务，且资产不足以清偿全部债务为由，向法院申请破产清算。2017 年 8 月 30 日，一中院裁定受理兰博医信公司破产清算案。

**审理情况**

兰博医信公司系外商独资企业，与国内外多家企事业单位、公司存在业务往来，债权债务关系复杂，且其法定代表人、股东及主要债权人均在境外，导致移交材料、接管财产以及清理债权债务难度较大。受理该案后，合议庭首先通过代理人与法定代表人、外方股东取得联系，确保有关材料移交完整高效。其次，指导管理人全面收集债权债务信息，通过电话、邮件、传真等方式通知境内外已知债权人，对于境外公司通过境外担保方式替兰博医信公司结清债务，并向管理人申报债权的情况，要求提供经公证认证的付款证明。第三，为解决相关手续耗时长的问题，为境外债权人确定临时债权额，方便其行使临时表决权，同步推进表决程序和境外债权公证认证程序，避免因境外债权申报及确认造成程序拖延。

2018 年 12 月 6 日，兰博医信公司第四次债权人会议全票通过管理人提交的财产处置方案及财产分配方案。2019 年 3 月 28 日，管理人对破产财产处置和分配完毕后，一中院依法终结兰博医信公司破产清算程序。

**典型意义**

本案是一中院通过破产程序实现外商投资有序退出，助力营造首都法治化、国际化、便利化营商环境的典型案例。随着我国对外开放深化和世界经济全球化加速，积极吸引和利用外商投资，是我国扩大对外开放和构建开放型经济新体制的重要内容。良好的投资环境、较高的利润回报以及畅通的退出机制，是增强外商投资信心和决心的重要因素。因此，打造跨境资本退出的"绿色通道"，不仅有利于保护境外投资者的合法权益，而且有助于建立完善的外商投资促进机制，实现外商投资的自由化和便利化。

本案中，一中院积极指导管理人通过多种途径及时联系境外股东和已知债权人，同步推进境外债权公证认证程序和表决程序，对内外资企业投资权益予以平等保障，通过畅通外资企业退出通道，明确外商投资退出市场的预期，消除外商投资顾虑，努力为国际投资发展营造良好法治环境。

## 案例 5

# 北京弘天智达科技有限公司破产清算案

**基本案情**

北京弘天智达科技有限公司（以下简称弘天智达公司）成立于 2013 年 7 月 5 日，主营业务为智能硬件设计。2016 年 6 月，弘天智达公司因经营不善，股东会决议解散公司，并成立清算组对公司进行清算。

在解散清算过程中，清算组发现公司负债达 351 万元，且公司资产不足以清偿全部债务，遂于 2017 年 10 月向一中院申请破产清算。2018 年 1 月 30 日，一中院裁定受理弘天智达公司破产清算案。

**审理情况**

进入破产程序后，管理人实际接收了二手办公用品、过时存货等少量财产。但由于弘天智达公司无现金支付传统拍卖程序所需的评估费、拍卖费等费用，且无法判断该部分财产的处置底价，财产变价处置陷入僵局，极大阻碍了破产案件的进程。

2019 年 4 月，北京高院发布《关于破产程序中财产网络拍卖的实施办法（试行）》（以下简称《破产网拍办法》），经债权人会议表决通过采取网络拍卖方式处置财产，管理人即对上述财产进行了估价并经全体债权人同意后，合议庭组织管理人、阿里巴巴破产拍卖平台服务商，对平台入驻、公告发布、竞买规则等具体问题进行指导，4月29日，管理人在"淘宝网"破产网拍平台独立发拍，并在全国企业破产重整案件信息网同步发布拍卖公告，对两台二手打印机进行拍卖。该次网拍共有48人设置拍卖提醒，吸引3660次围观，经过6轮竞价，于5月15日上午九点成交，溢价率达7%。自债权人会议决议通过网拍方案至网拍财产成功成交，包括十五天拍卖公告期在内，共计用时十八天，实现拍卖费用零支出。2019年10月25日，一中院裁定终结破产程序。

**典型意义**

本案是北京法院适用《破产网拍办法》，以管理人名义独立发拍并且成功拍卖处置破产财产的首例案件，为信息化背景下破产财产的高效、便捷处置提供了司法样本。审判实践中，网络拍卖对破产企业财产保值增值，提高债权回收率，加快案件进程具有重要意义。

鉴于实践中的具体做法亟需规范和完善，市高院出台了《破产网拍办法》，确立了债务人财产处置的网络拍卖优先原则，以及债权人自治、管理人实施、法院监督三位一体的破产财产处置模式。本案中，一中院通过突出管理人的主导作用和发挥债权人会议的决策作用，强化破产网拍的商事交易规则，突破以往破产财产处置中的瓶颈问题，大大提升交易信息的便捷性和对称性，有效降低财产拍卖成本、缩短变价周期，依托全天候、跨地域的商业交易模式，在充分竞争的前提下实现破产财产价值最大化。

该案的司法实践证明，信息化背景下，破产网拍在节约财产处置时间和成本方面具有独特优势，随着破产网拍的逐渐普及，破产网拍不仅为广大网络用户提供新的购物和投资途径，而且有助于提升"办理破产"指标，为优化首都营商环境作出贡献。

## 案例6

# 北京圣殿木业有限公司破产清算案

**基本案情**

北京圣殿木业有限公司（以下简称圣殿木业公司）成立于1998年4月24

日，主要从事人造板、木质家具以及建筑材料等生产和销售业务。2003 年，一中院判决圣殿木业公司偿还债权人贷款本金 1500 万元以及相应利息。2004 年，执行法院对圣殿木业公司进行强制执行，查明该公司无经营场所、无办公人员、无任何财产可供执行，终结该次执行程序。

2012 年，执行案件恢复执行，但亦未能实际执结。2018 年，执行部门在征得债权人书面同意后，将执行案件移送破产审查。2018 年 8 月 9 日，一中院裁定受理圣殿木业公司破产清算案。

**审理情况**

因无利害关系人垫付破产案件启动费用及管理人执行职务费用，合议庭采取“案件包”整体处理办法指定破产管理人，通过交叉补贴方式保障案件及时启动和高效推进。

审理过程中，结合圣殿木业公司债权债务关系较为明确，账簿、重要文件等灭失，公司管理人员下落不明等情况，合议庭在征求破产参与人意见后，对部分程序环节灵活适用快审机制。同时，指导管理人做好财产状况调查和债权登记核查确认等工作，特别是对企业 2002 年以来的财产线索进行彻查，防止欺诈逃债行为损害债权人利益。2019 年 5 月 30 日，因确无财产可供分配，一中院依法裁定宣告圣殿木业公司破产，终结破产程序。

**典型意义**

本案是在“执转破”案件中探索适用“案件包”费用交叉补贴机制和部分环节快速审理机制，通过破产程序有效消解执行程序中的“僵尸”案件，助力“基本解决执行难”的典型案例。实践中，相当一部分以企业法人为被执行人的案件，虽无财产可供执行，但由于出口不畅，通常作为终本案件沉淀在执行领域。促使执行不能的企业法人依法转入破产程序，是依法维护市场主体合法权益的重要途径，也是解决民事案件执行难和企业破产难的有力抓手。

在尚未建立援助保障资金的情况下，这些案件进入破产程序后，破产案件面临着缺乏必要启动费用的困境。本案中，圣殿木业公司自 2002 年停止经营后已滞留市场近二十年，企业早已人去楼空，无任何财产，所涉执行案件历经终结本次执行程序和恢复执行等，至移送破产审查时已长达十四年。为充分发挥“执转破”制度的功能作用，一中院创新采用“案件包”整体处理机制，通过有财产案件管理人搭配指定无财产案件方式，对破产程序启动费用、管理人执行职务费用等破产程序推进的必要支出进行交叉补贴，确保符合条件的执行案件及时转入破产程序，最大限度维护债权人合法权益。同时，通过破产程序有效消解执行积案，使有限的司法资源得以集中到有财产可供执行案件上，促进净化市场信用体系，维护健康有序的市场经济秩序。

## 案例 7

# 北京天润晟丰工程建设有限公司破产清算案

### 基本案情

北京天润晟丰工程建设有限公司（以下简称天润晟丰公司）成立于 2013 年 4 月 27 日，经营范围为施工总承包、专业承包、劳务派遣等。2016 年，天润晟丰公司被北京市工商行政管理局经济技术开发区分局列入经营异常名录。2019 年，债权人以天润晟丰公司无力清偿到期债务，且明显缺乏清偿能力为由，向法院申请对该公司破产清算。5 月 28 日，一中院裁定受理天润晟丰公司破产清算案。

### 审理情况

在该案审查受理阶段，合议庭通过审查相关材料、公开听证等方式对企业情况进行初步调查，了解到债务人注册登记地无人办公，公司法定代表人、高管等工作人员下落不明，已知债权人仅有一家。在征得债权人同意并履行内部审批手续的基础上，合议庭依据《北京市高级人民法院关于加快破产案件审理的意见》（以下简称《加快破产案件审理的意见》），对该案依法适用快审程序进行审理。

进入破产程序后，合议庭依法缩短有关期限，确定债权申报期为三十日，债权申报期限届满后五日内召开第一次债权人会议，会后三日即裁定确认破产债权。此外，通过同步在全国企业破产重整案件信息网发布受理公告、终结公告等方式高效推进破产程序。2019 年 8 月 8 日，一中院裁定宣告天润晟丰公司破产，并于 8 月 28 日裁定终结破产清算程序，案件审理用时仅三个月。

### 典型意义

本案系一中院适用破产快审机制，在裁定受理后三个月内审结的首例案件，也是一中院通过繁简分流、简中求速，实现市场主体高效、有序退出，完善优胜劣汰市场竞争机制的典型案例。当前，市场中大量存在的低效劣势企业，不仅占用了有限的经济资源和市场空间，而且阻碍了市场活力的发挥，拉低了我国市场主体的竞争力。

本案中，针对天润晟丰公司这样无人员、无账册、无财产的“三无企业”，一中院依据《加快破产案件审理的意见》，将繁简分流的甄别程序提前至受理审查阶段，在保障程序参与人合法权益的前提下，依法简化审理流程，同时加大信息化应用力度提升审判效率，推动“三无企业”破产案件进入“快车道”，为快速出清不能适应市场竞争的“僵尸企业”，及时释放生产要素，激发市场活力，推动首都经济高质量发展提供司法保障。

## 案例 8

# 北京佰能光电技术有限公司破产清算案

### 基本案情

北京佰能光电技术有限公司（以下简称佰能光电公司）成立于 2011 年 8 月 8 日，主营业务为生产 LED 芯片、光源、照明器具。执行法院在对佰能光电公司强制执行的过程中，经申请执行人和佰能光电公司同意，将执行案件移送一中院进行破产审查。2018 年 2 月 5 日，一中院裁定受理佰能光电公司破产清算案。

### 审理情况

案件受理后，管理人接收了库存产品、办公电脑、知识产权等资产，因无资金评估导致不能委托拍卖公司进行拍卖，管理人决定采取现场变卖方式进行处理，债权人对变卖方案均无异议。为避免在财产变卖过程中因过失行为损害相关主体权益，降低管理人履职风险，管理人自愿向中国人民财产保险股份有限公司北京市分公司投保破产管理人执业责任保险。根据保险合同约定，被保险人为破产管理人，受益人为因破产管理人的执业过失行为遭受侵害的债权人、债务人或第三人。若管理人未依照企业破产法相关法律规定勤勉尽责、忠实执行职务，给债权人、债务人或者第三人造成损失，依法应承担经济赔偿责任，保险人依约负责赔偿，累计责任限额为100万元。

保险期间为自人民法院指定被保险人为破产管理人之日起两年，或者至破产管理人侵权损害之债诉讼时效届满时终止，以期间较长者为准。对于管理人的故意行为、欺诈行为或非执业行为造成的损失、费用和责任，保险人不负责赔偿。2018年12月18日，管理人在债务人办公地点组织现场变卖，因无人竞买库存产品和知识产权，管理人能动履职按照变卖方案进行了处置，同时办公电脑实现变卖价值2400元。2019年9月27日，一中院裁定终结佰能光电公司破产程序。

**典型意义**

本案是北京法院引入破产管理人执业责任保险，以市场化方式加强对管理人的履职保障，激发管理人履职的内生动力，努力健全完善多层次、全周期、市场化的管理人履职保障体系的典型案例。破产案件具有程序复杂、事项繁琐、审理周期长、风险多发的特点，破产程序中管理人负有审查债权、管理和处分债务人的财产、决定债务人内部管理等各项职责，程序的推进对管理人的履职水平和责任承担能力均提出较高要求。

企业破产法第一百三十条规定了管理人违反勤勉忠实义务应当承担的赔偿责任，实践中不乏起诉管理人未能忠实或勤勉履职的案件。为提高管理人主观能动性和工作效能，一中院积极整合保险等社会资源，创新引入破产管理人执业责任保险，借助市场力量有效分散管理人正当职业风险，最大程度保障债权人及相关主体利益。本案中，管理人通过自愿购买管理人执业责任险，强化因过失行为侵害债权人等利益时民事责任的承担能力，有效加强对自身的履职保障。

## 案例9

# 北京京西国利信机电设备有限公司破产清算案

**基本案情**

北京京西国利信机电设备有限公司（以下简称机电设备公司），前身为成立于1982年的北京市门头沟区机电设备公司，属于北京市门头沟区国资委监管的三级国有全资企业法人，开办单位为北京京西峪鑫物资有限公司（以下简称物资公司），主营业务为汽车、机械电器等设备的销售。

近年来由于市场竞争日趋激烈，企业经营不善，已完全停止经营，人员也已安置完毕，但尚欠物资公司的借款始终没有偿还。2017 年 3 月，门头沟区人民法院判决机电设备公司偿还物资公司借款 103 万余元。该院经强制执行，发现被执行人机电设备公司不能清偿到期债务并且明显缺乏清偿能力，经物资公司、机电设备公司同意，于 2017 年 7 月将执行案件移送破产审查。2017 年 7 月 31 日，一中院裁定受理机电设备公司破产清算案。

**审理情况**

经查，门头沟区国资委已于 2014 年将机电设备公司列入拟注销企业名单，并要求各一级监管单位加快下属企业清理注销进程。物资公司申请对机电设备公司进行破产清算的主要目的是按照国资委要求，使企业依法注销并退出市场。

由于机电设备公司债权债务关系比较简单，破产财产价值较低且不存在企业人员安置困难问题，案件受理后合议庭除了依法缩短审理周期外，还通过并联破产事项，将审查财产状况报告、核查债权，与表决财产变价方案、分配方案等事项合并，在第一次债权人会议上一次性表决通过来加快审理进度。针对待变价破产财产主要为办公设备，处置价格和变价周期难以预测的情况，该案没有采用传统拍卖方式处置破产财产，而是经债权人会议同意由管理人联系债务人上级单位统一收购。2017 年 12 月 19 日，破产财产分配完毕后，一中院裁定终结破产程序。

**典型意义**

本案是一中院审结的首例“执转破”案件，是以市场化、法治化方式出清国有“僵尸企业”，助力国有企业“瘦身健体”提质增效，增强国有企业核心竞争力的典型案例。机电设备公司属于一般制造业企业，处于国有企业管理链条末端，长期占用各类资源且不符合首都功能定位，系扭亏无望、已失去生存发展前景的“僵尸企业”。

本案中，一中院充分发挥破产清算制度价值，通过缩减程序周期、集约程序步骤、简化变价方式等多种手段提升破产审判效率，不仅精准、快速、有效破除无效供给，清除落后产能，而且积极配合国有企业开展“压缩管理层级，减少法人户数”工作，协助国有资产管理部门彻底解决企业债务等历史遗留问题，加快经济布局调整，该案也是人民法院围绕首都城市战略定位，积极贯彻“减量”发展、绿色发展理念，为深化首都供给侧结构性改革提供有力保障的具体体现。

**案例 10**

## 北京顺兆圆商贸有限公司破产清算案

**基本案情**

北京顺兆圆商贸有限公司（以下简称顺兆圆公司）成立于 2003 年 6 月 16 日，主营业务为汽车、建筑工程机械设备销售。2007 年 11 月 26 日，顺义区人民法院（以下简称顺义法院）就顺兆圆公司与曹某财产权属纠纷一案判决顺兆圆公司向曹某赔偿损失。

曹某向顺义法院申请强制执行，法院在执行过程中查明顺兆圆公司无财产可供执行，裁定终结本次执行程序。后曹某曾多次向法院申请恢复执行，但经查顺兆圆公司始终无可供执行财产。2018 年 8 月，经申请执行人同意，顺义法院将执行案件移送一中院进行破产审查。2018 年 9 月 27 日，一中院裁定受理顺兆圆公司破产清算案。

**审理情况**

在执行案件移送破产审查过程中，合议庭与执行法院及时沟通联系，全面了解案件事实情况，整体把握案件进展，对争议焦点和涉稳风险进行预判。案件受理后，管理人接收了执行法院对顺兆圆公司全部财产线索进行调查的材料，并通过执行财产查控系统对企业近期财产状况进行查询。

结合查询结果，最终确认顺兆圆公司已于 2009 年 10 月被吊销营业执照，公司早已人去楼空，法定代表人、经营管理人员均下落不明，管理人未能接收到公司的财产、印章、账簿等资料，且查无任何财产。2019 年 3 月，依据管理人申请，一中院依法裁定宣告顺兆圆公司破产，并终结破产程序。顺兆圆公司作为被执行人的执行案件亦终结。

**典型意义**

本案是通过建立全市法院“执转破”案件沟通会商机制，实现执行程序与破产程序无缝对接，打通解决执行难问题“最后一公里”的典型案例。为加强不同法院以及法院不同部门之间的协调配合，建立健全常态化、信息化、扁平化执破衔接机制，在上级法院的指导和支持下，一中院积极构建全市法院“执转破”案件会商机制，与全市中、基层法院执行部门建立联系人制度，由联系人负责日常工作事宜沟通。

一般案件由承办法官之间直接对接，复杂特殊、敏感涉众案件及时组织院庭层面进行会商，形成全市执破一盘棋工作格局。本案中，顺兆圆公司属于典型的“空壳企业”，一中院在受理审查阶段即按照主动对接、全面审查、快速推进的工作要求，与执行法院沟通联系，对企业情况进行“预甄别”。进入破产程序后，一中院指导管理人通过执行财产查控系统实现信息共享，有效缩短调查周期。“执转破”会商机制的建立为健全完善常态化、信息化、扁平化执破衔接机制，助力形成全流程、全方位、全覆盖的解决“执行难”常态长效机制亦具有积极意义。

[司法实务问题研究]

# 执行异议之诉中排除执行民事权利类型化研究

王毓莹[*]　翟如意[**]

**内容提要**　执行异议之诉制度通过赋予当事人及案外人异议权利，为其提供了对违法和不当执行行为的救济途径。审判实践中，执行异议之诉案件审理面临事实认定难、法律适用难等诸多困扰，加之所涉及的民事权利类型非常广泛，提出执行异议的情形也各有不同，导致此类案件审理难度较大。本文重点对执行异议之诉排除执行的民事权利类型化进行研究，并提出类案审理的基本原则和具体思路，以供实践参考。

**关键词**　执行异议之诉　执行异议　实体权利　实体审查

2007年民事诉讼法修订时增加了执行异议之诉制度，一定程度上填补了执行程序中对案外人实体权利救济的空白，但现阶段执行异议之诉制度仍然面临理论研究欠缺、裁判理念反复、具体规则不够完善等问题。近年来，执行异议之诉案件收案数量呈爆发式增长，审理此类案件，不仅要解决事实认定及法律适用难题，还要面对多方主体的巨大压力，同案不同判的情况屡见不鲜，相关问题亟待规范。

[*] 作者单位：最高人民法院。

[**] 作者单位：江苏省高级人民法院。

## 一、执行异议之诉案件概况

### （一）最高人民法院执行异议之诉案件基本情况

1. 审判质效稳中有质。从收案数量看，2017 年收案 449 件，2018 年收案 628 件，同比增长 39.87%。从申诉复查案件裁判结果看，驳回申请的案件数量占比为 78%，裁定提审的案件数量占比为 16%，指令再审的案件数量占比为 6%。总体上看，执行异议之诉案件审理中，对部分疑难问题已经逐步形成共识，但仍然存在裁判尺度不统一、对事实认定把握不够准确等问题。

2. 从案由来看，执行异议之诉案件的三类案由中，案外人执行异议之诉占比最大（60%），申请执行人执行异议之诉占比次之（38%），执行分配方案异议之诉则相对较少（2%）。因此，审理执行异议之诉纠纷，应当重点研究案外人与申请执行人的利益保护及利益平衡问题，妥善有效化解各方矛盾。

3. 权利类型呈现多样化趋势。执行异议之诉中，涉及执行标的类型占比最多的是不动产（42%），其中涉及房屋租赁协议占比为 6%，涉及查封办理了预告登记的不动产占比为 3%，涉及其他不动产纠纷占比为 33%。位置居次的标的类型是特殊动产，占比为 28%，主要包括船舶、航空器、机动车。其他标的类型的占比依次为建设工程（12%）、股权（12%）、存款有价证券（4%）、离婚协议（1%）等。权利类型的多样化为审判实践带来新的问题，同时也促进理论体系不断完善。

### （二）执行异议之诉相关法律规范基本情况

1. 法律规定相对简单。最高人民法院于 2015 年出台《关于人民法院办理执行异议和复议案件若干问题的规定》（以下简称《执行异议复议规定》），但其仅适用于执行异议和复议程序。目前，专门针对执行异议之诉的规定主要为民事诉讼法及其司法解释中的相关规定以及《最高人民法院关于适用〈中华人民共和国民事诉讼法〉执行程序若干问题的解释》中的相关规定。审理此类案件时，一方面要准确把握民事诉讼法及其司法解释相关规定的立法本意及立法变化，正确适用相关实体法律规范，另一方面也要注意学习、参考相关典型案例的有益经验，避免随意作出扩大解释。

2. 法律依据相对分散。执行异议之诉案件的审理主要围绕两方面展开，一是要区分当事人的诉讼请求系针对执行行为还是执行依据，二是要判断当事人主张的民事实体权利是否具有阻却执行的效力。具体到个案审理中，既要求裁判者熟练掌握有关执行程序的相关规定，以确定当事人进行权利救济的程序选择是否正确；也要求裁判者必须精通物权法、合同法、担保法、婚姻法等实体法律法规，以对案外人的权利救济作出最终判断，以上对裁判者的业务能力和业务水平提出了更高要求。

3. 地方实践日益丰富。目前，许多地方法院结合执行异议之诉案件审理情况，积极开展探索。例如，江苏、江西等地法院出台执行异议之诉案件审理指南，树立裁判理念，作出案件指引；上海、重庆、浙江、吉林、黑龙江等地出台执行异议之诉案件问答，对相关问题作出具体回应，解决疑难复杂问题。实践中因对相关问题的认识存在不同理解，而相关领域的地方具体政策又各有不同，故不同法院出台的文件在具体问题处理上会有所不同，但地方司法实践的探索，对保证本地区裁判尺度统一，具有积极意义。

## 二、执行异议之诉案件审理的基本原则

一是坚持利益平衡原则。执行异议之诉通常涉及申请执行人、被执行人以及案外人等多方主体，申请执行人需要通过执行程序实现生效法律文书所确定的权利义务内容，而案外人则以其系执行标的物的所有权人或者其他足以排除强制执行民事权利主体提起异议之诉，对抗申请执行人的执行申请，主体之间利益冲突和对抗情绪激烈。审理此类案件时，一方面要依法维护申请执行人的合法权益，确保生效法律文书司法权威，避免让执行异议之诉制度成为被执行人拖延执行的工具；另一方面，因经济活动的复杂性和物权公示制度在彰显权利归属上的有限性，实践中被执行人并非实际权利人的情况大有所在，此时，应当为案外人提供充分的实体性救济渠道，妥善平衡申请执行人、被执行人与案外人之间的利益关系。

二是坚持实质审查原则。《执行异议复议规定》确立了“以形式审查为主，实质审查为辅”的案外人异议程序审查原则，以强调案外人异议程序侧重效率的价值取向。[①] 基于此，执行异议之诉应当坚持实质审查原则，以纠正民事执行机构因“表面权利判断规则”可能带来的执行错误，充分保障案外人作为实际权利人的合法权益。审理中应当注意的是，一是在涉及登记、借

① 江必新、刘贵祥主编：《最高人民法院关于人民法院办理执行异议和复议案件若干问题规定理解与适用》，人民法院出版社 2015 年版，第 346～348 页。

名、挂靠等名义权利人与实际权利人不一致的情况时，不能仅依据权利外观表象即作出裁判，否则将会使执行异议之诉制度目的落空；二是要加大打击虚假诉讼的力度，防止案外人与被执行人恶意串通转移执行标的物；三是在证明责任问题上，严格适用自认规则，即使被执行人承认案外人的主张，案外人仍应就其对执行标的物享有所有权或者其他足以阻却对执行标的物强制执行的事实承担举证责任。

三是坚持权利甄别原则。执行异议之诉案件涉及权利义务关系相对复杂，对同一执行标的物上所涉不同权利的识别难度较大，金钱债权与民生权利、实体权利与程序权利相互交织。处理此类纠纷，应当按照物权法、合同法、担保法、婚姻法等实体法的规定，严格做好权利甄别。在正确认定相关权利属于物权还是债权、是否具有优先权属性等基础上，按照物权优先于债权、法律规定的特殊债权优先于普通债权的原则，正确处理纠纷。在对执行标的物上实体权利类型查明的基础上，对案外人实体权利与申请执行人债权发生冲突时，作好法律上的评价，进而对执行标的物的权属以及是否符合继续执行条件作出判断。

四是坚持生存利益优先原则。现阶段，我国相关市场交易规则及交易秩序有待进一步完善，相关主体法律意识有待进一步提高，市场交易不规范的现象仍然存在。基于当前现实情况，要特别注重保护当事人的生存权利，在坚持依法审理的前提下，遵循消费者生存利益优先于银行、企业等主体经营利益原则，在兼顾双方利益保护的同时，适度向相对弱势一方倾斜。需要注意的是，《最高人民法院关于建设工程价款优先受偿权问题的批复》以及《执行异议复议规定》第二十九条等规定，均是基于生存权至上的考虑，应当严格适用，实践中不应随意扩大。

## 三、执行异议之诉中相关实体权利审查规则

执行异议之诉中，个案的审理需要围绕对实体权利的审查而展开。实践中，执行异议之诉纠纷主要集中在不动产、动产等领域，笔者对所涉相关类型化民事权利的审查规则试作分析。

### （一）涉及不动产物权的执行异议之诉

1. 借名买房人提起的执行异议之诉

实践中，出于规避政策等原因，借名买房的情况大量存在。对借名人主张

排除执行的诉讼请求应否支持存在两种观点，一种观点认为，借名人如果能够证明其为房屋真正所有权人，在双方不存在恶意串通等情况下，应当支持其诉讼请求。另一种观点则认为，根据不动产物权登记生效主义及登记公示公信原则，借名人与出名人之间的内部约定不具有对抗善意执行人的效果，其诉讼请求不应得到支持。以上观点的分歧集中表现为借名人享有的权利性质应当如何认定。一种观点认为，如果所涉房屋系借名人实际出资且占有、并与他人就房屋权利归属达成协议，虽然欠缺物权登记等物权归属的外部证明，但并不能据此否定借名人对该房屋享有事实上的所有权。对此，反对观点认为我国法律上并不存在“事实上的所有权”这一概念，根据物权变动规则，借名人并非房屋所有权人，其仅享有对出名人就所涉房屋的债权请求权。相对应地，实践中存在不同处理方式。有的法院认为借名人与出借人之间的协议只在其内部产生债权债务关系，借名登记约定不能对抗申请执行人。① 有的法院则认为，判断不动产权属的依据应以登记为准，案外人主张其系不动产物权实际权利人的一般不予支持，但案外人提供证据足以证明其取得所有权的原因合法有效，进而主张其系不动产实际权利人的可予支持。②

笔者认为，首先，物权法第九条规定，不动产物权的设立、变更、转让和消灭，经依法登记，发生效力；未经登记，不发生效力，但法律另有规定的除外。第十六条规定，不动产登记簿是物权归属和内容的根据。据此，从法律上看房屋所有权仍归属于出名人；其次，借名人与出名人之间通常存在借名买房的约定，除房屋登记在出名人名下外，由借名人实际占有、使用、收益或者处分，但该约定仅为内部约定，并不具有对抗善意第三人的效力，更不具有阻却执行的效果；最后，借名买房的行为通常系为了规避国家法律法规或者相关政策规定，即使不能直接依据其目的对该行为作出否定性评价，但借名人对该行为可能带来的风险系为明知，根据风险自担及比例原则，对借名人要求排除执行的诉讼请求不应支持。

2. 以房抵债的债权人提起的执行异议之诉

对签订以房抵债协议的债权人在其已经实际占有但未办理物权变更登记的情况下，提起的执行异议之诉，裁判尺度亦不统一。有的法院认为，对此类诉

① 参见《黑龙江省高级人民法院关于审理执行异议之诉案件若干问题的解答》。

② 参见《浙江省高级人民法院审理执行异议之诉案件疑难问题解答（二）》。

讼请求原则上不予支持。[1] 而有的法院则认为如果以房抵债协议系真实的，其对房屋实际占有的行为意味着对房屋具有准物权，此时可以排除对所涉房屋的强制执行。[2] 笔者认为，与借名买房情形不同的是，以房抵债属于双方协商一致的债的偿还方式，并不具有规避政策的目的。因此，此类案件应当重点审查当事人签订的以房抵债协议是否真实，并结合以房抵债债权人相关行为综合认定，例如以房抵债协议的签订时间是否早于采取强制执行措施、案外人实际占有房屋的具体情况等，不应仅以房屋未经登记为由轻易否定以房抵债债权人所享有的权利。但此类案件如果证据审查不到位，则可能导致当事人通过倒签以房抵债协议等行为逃避债务或者规避执行，这对事实认定提出了更高的要求。例如，在审查以房抵债协议效力时，不能仅以协议等孤证作为判断依据，还应当要求提供双方之间债权债务往来的凭证等其他证据；在判断双方之间是否存在恶意串通时，要重点审查双方是否存在真实有效的基础债权债务关系、以房抵债行为是否具有合理性、房屋价值是否严重超过债权数额、案外人是否补足差价等。

3. 被拆迁人提起的执行异议之诉

《最高人民法院关于审理商品房买卖合同纠纷案件适用法律若干问题的解释》第七条第一款规定，拆迁人与被拆迁人按照所有权调换形式订立拆迁补偿安置协议，明确约定拆迁人以位置、用途特定的房屋对被拆迁人予以补偿安置，如果拆迁人将该补偿安置房屋另行出卖给第三人，被拆迁人请求优先取得补偿安置房屋的，应予支持。根据该条规定，拆迁人与被拆迁人虽然尚未办理房屋产权登记手续，但在人民法院查封之前已经签订合法有效的拆迁补偿安置协议的，并且就特定房屋已作出明确约定，被拆迁人即对该补偿安置房屋享有优先权，该优先权足以对抗申请执行人就该房屋提出的强制执行请求。

4. 房屋共有人提起的执行异议之诉

关于房屋共有人提起的执行异议之诉，实践中存在两种不同观点，一种观点认为，生效法律文书体现国家意志，被执行人应当接受强制执行，故在涉及共有权情况下，其他共有人不能拒绝分割共有财产，其合法权利可以通过其他途径获得补救。另一种观点认为，共同所有与按份共有并不相同，其对物的所

① 参见《山东省高级人民法院执行异议之诉案件审判观点综述》。

② 参见《黑龙江省高级人民法院关于审理执行异议之诉案件若干问题的解答》。

有权具有完整性，根据物权优于债权的原则，共有人请求排除对共同共有物执行的，应予支持。

笔者赞同第一种观点。物权法第九十九条规定，共有人约定不得分割共有的不动产或者动产，以维持共有关系的，应当按照约定，但共有人有重大理由需要分割的，可以请求分割；没有约定或者约定不明确的，按份共有人可以随时请求分割，共同共有人在共有的基础丧失或者有重大理由需要分割时可以请求分割。因分割对其他共有人造成损害的，应当给予赔偿。从该条规定可以看出，无论共有人之间是否存在可以分割共有物的约定，只要具有“重大理由”需要分割的，即可按照物权法的规定进行分割。而此处的“重大理由”，应当包括具有司法权威的生效法律文书所确定的被执行人应当履行的责任。关于其他共有人的权利救济，可按照物权法的规定处理，一是如果分割对其他共有人造成损害的，其他共有人可向其主张赔偿责任；二是其他共有人对共有财产享有优先购买权。

### （二）涉及动产物权的执行异议之诉

#### 1. 涉及机动车的执行异议之诉

我国物权法上对船舶、航空器和机动车等特殊动产的物权变动采登记对抗主义。实践中，案外人与被执行人就机动车签订买卖协议并交付全部款项，在车辆已经转移占有但未办理过户登记手续的情况下，案外人提起的执行异议之诉应否得到支持，存在较大争议。笔者认为，案外人与被执行人于人民法院采取强制执行措施前基于购买机动车的目的，签订合法有效的买卖合同，并已支付全部款项且实际占有机动车的，符合动产物权变动规则，应当认定案外人已就该机动车取得所有权，可以排除申请执行人的执行请求。案外人未支付完毕全部价款的，应当在诉讼中要求其履行剩余付款义务，防止因双方约定付款期限过长导致执行目的落空。

车辆、船舶的实际所有人基于我国特殊的车辆、船舶经营管理规定，挂靠在有经营资格的运输公司名下投入营运，此时，车辆、船舶的实际所有人与登记所有人并不一致。实际所有人对此提出执行异议之诉的，应当重点审查其对车辆、船舶是否享有真实的权利，不能仅以其并非登记所有人而否定其对车辆、船舶的所有权，对其提出的排除强制执行的请求，一般应予支持。

#### 2. 涉及借用账户资金的执行异议之诉

账户借用人与被执行人之间签订借用账户协议，并将相关资金存入该账户内，人民法院对账户资金进行强制执行措施的，借用人排除执行的诉讼请求应否支持存在争议。支持的主要理由为，在借用协议真实有效的情况下，借用人对账户内的资金并无转移所有权的意思表示，账户内的资金仍应归属于借用人，故不宜对该笔资金强制执行。反对的主要理由为，货币作为特殊动产，应当遵循动产交付即发生物权变动效果的基本原则，笔者对此表示赞同。货币所有权认定的基本原则是“占有即所有”原则，而进入账户内的资金对外仅以数字表彰权利，其与被执行人账户内的资金难以区分，尤其是在该账户内资金进出频繁的情况下，如果仅以借用协议作为对抗强制执行的依据，大大增加了双方之间通过签订借用协议规避执行的可能性。而且，借用他人账户本身即违反相关管理规定，借用人应当充分认识到该种行为可能带来的风险。因该笔资金被强制执行完毕而遭受的损失，其可以依据双方之间的约定向被执行人主张赔偿损失。

### （三）涉及承租人权利的执行异议之诉

1. 承租人提起执行异议之诉的条件

租赁权因其权利内容具有特殊性，已经逐步演变为物权化的债权。根据买卖不破租赁的原则，承租人可以作为提起执行异议之诉的主体，但前提条件是必须涉及租赁权的实体权利，如果人民法院的执行行为并未否定承租人的租赁权，承租人仅是对法院要求其腾退房屋等执行行为有异议的，应当通过执行异议及复议程序解决，承租人提起执行异议之诉的，应当不予受理；已经受理的，应当裁定驳回起诉。但如果执行法院否定承租人租赁权的成立或存续的，因涉及实体权利的争议，承租人主张其享有足以排除执行的租赁权的，在执行异议被驳回后，可以提起执行异议之诉。

2. 关于租赁与查封、抵押之间的关系问题

涉及租赁权的执行异议之诉案件，应当重点围绕三方面进行审查：一是权利设定的时间顺序。《最高人民法院关于人民法院民事执行中查封、扣押、冻结财产的规定》第二十六条第一款规定，被执行人就已经查封、扣押、冻结的财产所作的移转、设定权利负担或者其他有碍执行的行为，不得对抗申请执行人。物权法第一百九十条规定，订立抵押合同前抵押财产已出租的，原租赁关系不受该抵押权的影响。抵押权设立后抵押财产出租的，该租赁关系不得对抗已登记的抵押权。从上述规定看，合法有效的租赁合同成立于查封、抵押设立之前的，根据买卖不破租赁原则，承租人租赁权具有排除其他债权执行的效

力。二是是否按约支付租金。关于租金问题，应当注意审查双方约定的租金是否合理，是否提交支付租金的相关凭证以及是否存在其他有违正常租赁交易习惯等情形，避免通过租赁协议规避执行。三是是否实际占有租赁物。承租人租赁权核心权能在于使用权，承租人签订租赁合同后并未正常使用租赁物，并不具备“买卖不破租赁”原则所要保护的法益，亦不存在对承租人优先权保护的权利基础。综上，当租赁合同成立在先，且承租人已支付租金且实际占有租赁物的情况下，对其主张排除执行的请求应予支持。

（四）涉及建设工程施工合同的执行异议之诉

1. 案外人基于建设工程价款优先受偿权提起的执行异议之诉

合同法第二百八十六条规定，发包人未按照约定支付价款的，承包人可以催告发包人在合理期限内支付价款。发包人逾期不支付的，除按照建设工程的性质不宜折价、拍卖的以外，承包人可以与发包人协议将该工程折价，也可以申请人民法院将该工程依法拍卖。建设工程的价款就该工程折价或者拍卖的价款优先受偿。该条规定确立了建设工程价款优先受偿权，但在司法实践中，由于对建设工程价款优先受偿权的性质及效力存在认识上的不同，对案外人以其享有建设工程价款优先受偿权为由提起执行异议之诉如何处理，存在较大争议。一种观点认为，根据前述规定，承包人享有对工程折价或者拍卖款的优先受偿权，如能够确认其确实享有优先受偿权，当然可以排除其他债权人的执行请求。另一种观点则认为，建设工程价款优先受偿权的本质是以建设工程的交换价值担保工程款债权的实现，其只是一种顺位权，不能达到阻却执行的效果。[①] 即使人民法院对建设工程采取强制执行措施，该执行措施一般并不影响承包人优先受偿权，其可以通过声明参与分配或由执行法院依职权列入分配等方式实现。如果因执行法院对建设工程的不当执行行为，导致标的物担保价值不当毁损的，承包人应当提起执行行为异议而不是执行异议之诉。笔者认为，建设工程优先受偿权作为一种特殊权利应当予以特别保护，如果不赋予实际施工人提出执行异议之诉的权利，优先受偿权制度目的将会落空。经审查后，在确认案外人享有建设工程价款优先受偿权的基础上，就其主张在优先受偿权范围内的工程排除强制执行的诉讼请求应当予以支持。

① 李玉生主编：《建设工程施工合同案件审理指南》，人民法院出版社2019年版，第300页。

2. 实际施工人以其系工程款债权所有人为由针对承包人的到期债权提起的执行异议之诉

挂靠施工涉及的法律关系相对复杂，挂靠人作为实际施工人，在人民法院就建设工程发包人应给付承包人的工程款到期债权实施强制执行的情况下，其提起执行异议之诉应否支持，实务中存在两种观点。例如，江西高院认为，人民法院针对建设工程发包人应给付承包人的工程款到期债权实施强制执行，实际施工人以其与承包人之间存在挂靠关系，其以享有工程款债权为由提起执行异议之诉的，不予支持。① 另一种观点认为，《最高人民法院关于审理建设工程施工合同纠纷案件适用法律问题的解释》第二十六条第二款规定，实际施工人以发包人为被告主张权利的，人民法院可以追加转包人或者违法分包人为本案当事人。发包人只在欠付工程价款范围内对实际施工人承担责任。根据该条规定，实际施工人有权对发包人直接主张工程款，据此可以认为实际施工人系该笔工程款的真正权利人，其提起执行异议之诉的，应当予以支持。

笔者倾向于第一种意见。挂靠施工性质上虽然属于借名法律关系，即不具备资质的挂靠人借用有资质的被挂靠人名义与发包人签订建设工程施工合同，但挂靠人与发包人之间并不必然直接形成合同关系。根据合同相对性原理，在发包人订立合同时并不知晓挂靠事实的情况下，基于信赖保护原则，合同仅在发包人与承包人之间具有约束力，挂靠人与承包人之间仅存在工程款转付责任，该种责任系挂靠人与承包人之间的内部责任问题，不具有对抗他人对发包人支付给承包人工程款债权的效果。关于实际施工人的权利救济，可以根据其与被挂靠人之间的合同关系，向被挂靠人主张该笔债权。

（五）涉及股权的执行异议之诉

涉及股权的执行异议之诉，多表现为隐名股东就人民法院对登记在名义股东名下的股权强制执行提起执行异议之诉，实践中对此应否支持争议较大。一种观点认为，名义股东并未实际出资，仅系以其名义进行股权登记，而公司法规定了隐名股东显名条件，实质上并未否定隐名股东对股权的所有权。因此，在隐名股东能够证明其系实际股东、其他股东对此明知的情况下，应当支持其诉讼请求。另一种观点则认为，隐名股东与名义股东之间的约定即使有效，也仅对其双方具有约束力，对外股权所有权人仍表现为名义股东，申请执行人有

---

① 参见《江西省高级人民法院关于执行异议之诉案件的审理指南》第三十七条。

权向人民法院申请执行。笔者同意第二种观点，民法总则第六十五条规定，法人的实际情况与登记的事项不一致的，不得对抗善意相对人。公司法第三十二条第三款规定，公司应当将股东的姓名或者名称向公司登记机关登记；登记事项发生变更的，应当办理变更登记。未经登记或者变更登记的，不得对抗第三人。根据前述规定，在处理此类纠纷时，应当区分公司内外法律关系，隐名股东与名义股东之间系内部关系，双方之间的约定不具有对抗外部第三人的效果，隐名股东主张排除执行的诉讼请求不应支持。其因股权被强制执行所遭受的损失，可以按照约定向名义股东主张赔偿。

（六）涉及离婚协议财产归属的执行异议之诉

离婚协议中通常涉及财产分割，在双方已经约定房屋产权归属但尚未完成产权变更登记的情况下，一方提起执行异议之诉应否支持存在两种观点。一种观点认为，“对夫妻共同财产的执行，既要考虑执行的效力，又应兼顾实体正义的保障。”[①] 婚姻法对不动产的处分原则区别于一般的物权变动，虽然房屋产权未进行变更登记，但如果双方对房屋产权归属的约定是明确的，在双方并非假离婚逃避债务的情况下，应当支持案外人要求停止执行的诉讼请求。另一种观点则认为，涉及离婚财产分割的情况下，仍应坚持物权的公示公信，对房屋产权的认定应以登记为准。笔者倾向于第一种意见，司法实践中，夫妻双方离婚，通常约定房屋属于负责抚养子女的一方，但为防止对方再婚，不变更房屋产权归属的情况时常有之。此时若允许执行，则其基本生活将无保障。因此，处理此类纠纷时，要重点审查双方是否存在恶意串通以逃避债务的可能性，否则应宜支持其要求停止执行的诉讼请求。

① 段建桦：《执行异议之诉在审判实务中的困境与对策——基于贵州法院系统的调查》，载《时代法学》2018年第6期。

# 司法责任制追责机制研究

王亚明*

**内容摘要** 司法责任制有多种涵义，在追责形态上主要有三种模式。我国现行司法责任追责机制存在追责事项不统一、追责机制程序不完善、追责内容不公开等问题。在司法责任制追究上，要贯彻宽严相济原则、程序正当、惩戒教育结合原则、符合司法伦理原则。我国司法追责及惩戒机制的完善应从六个方面改进：追责事由明细化，追责渠道系统化，追责程序科学化，追责结果再细化，追责机制运行公开化，法官权益保障化。

**关键词** 司法责任制 现状 问题 改革

## 一、司法责任制的涵义及追责形态

司法责任制也被称为法官责任制，它是从错案追究制、审判责任制、法官责任制演变而来。它有两层涵义：一是积极意义上的，指法官应当正确行使审判权确定的法律职责；二是消极意义上的，指法官在违法行使审判权时应当承担的不利后果。积极意义上的司法责任，侧重法官正当行使职权；消极意义上的司法责任侧重惩罚法官违法及不当使用权力。① 司法责任制主要是解决在传统的审判机制和管理模式下司法权、司法监督权、司法行政领导权不分的状况，落实审判权由法院独立行使的规定。在法院管理者看来，司法责任制重点是构建责权利的平衡机制，不是单纯问责机制，也不是错案追究制，是内部追

* 法学博士，南京市建邺区法院法官。

① 王迎龙：《司法责任语境下法官责任制的完善》，载《政法论坛》2016 年第 5 期。

责，不是外部追责。[①]

司法责任制存在三种制度模式：一是结果责任；二是程序责任；三是职业伦理责任。[②] 在法院管理者看来，司法责任不仅有审理责任，还有管理责任和监督责任，司法责任制追究有多种方式，狭义的司法问责是国家承担赔偿责任之后，依照法律规定对有故意违反法律和司法职业伦理的行为，或者有重大过失并导致严重后果的行为的司法人员追究法官个人经济责任、行政责任或者刑事责任的机制。[③] 其中通过审理期限的管理来追究法官的审判责任也是近年来比较常见的一种方式。对于超出审限且未结案的将在法官绩效考评时扣罚相应奖励金，有的法院还进行通报或诫勉谈话。

自2010年以来，全国各级法院都成立了内设管理机构——审判管理办公室。审判机关对审判管理办公室的定位为，通过审判管理掌握案件运行态势，发现审判工作中存在的问题，有针对性和前瞻性地提出决策建议，使审委会、院长、庭长、审判长、法官等不同层级的管理主体能够适时作出决策。在我国，案件管理是追责的基础，案件管理不仅要求为办案人员提供参谋和服务，更重要的是对办案人员的诉讼活动进行监督。2014年8月5日最高人民法院出台《关于进一步加强审判管理若干问题的规定（试行）》，其中第15条、第16条规定，在法院系统内部，院长、庭长、副庭长等领导干部应当带头遵守审限，必须对审理时间过长的案件进行督办，要采取对每个案件进行督办，限期办结，采取责令承办人说明情况的方式，对审限使用情况进行控制。该文件第21条、22条规定了案件审限使用情况纳入绩效考核，作为年终考评的重要指标。对无正当理由明显违反审限规定并造成不良影响的人员，一般不予评先评优。如果存在"不适时办理申请扣除、延长审限手续，或者无故迟延办案导致超审限的，"要对违规人员进行督促提醒、批评教育、警示谈话，甚至可能追究进一步的行政纪律责任。为了加强审限管理，实务界推行审限预警机制，主要是通过对法院审判活动施加外力强制，来实现审限内结案的法律效果。这种外部强力方式，体现了法院管理较强的行政化色彩，导致一些法官为规避审

① 参见胡仕浩：《论人民法院"全面推开司法责任制改革"的几个问题》，载《法律适用》2016年第11期。

② 陈瑞华：《法官责任制度的三种模式》，载《法学研究》2015年第4期。

③ 胡仕浩：《论人民法院"全面推开司法责任制改革"的几个问题》，载《法律适用》2016年第11期。

限对案件草草处理，可能会影响案件审判的公正。[①] 严格的审限管理，导致案件审理期限不够，很多法院及法官采取各种变通方法扣除审限，法院内部掌管审限调整审批权的副院长，为了本院的绩效考核及碍于同事情面，基本上是只要报请延长，都会审批过关。甚至对已超审限的案件，也会要求承办人补办延长手续。虽然有些案件审限延长需要上级法院审批，但对报上来的超审限审批表，上级法院往往也无暇审查，实际上是有批无审。[②]

## 二、司法责任追究机制的现状探析

### （一）改革制度现状

司法责任制改革是我国新一轮司法改革的“牛鼻子”，司法责任制改革的目的是通过责任机制的建构来倒逼权力的运行法治化，并通过建立一种权责明晰、统一且权力相互制约的审判权运行机制，来落实“让审理者裁判，由裁判者负责”的改革要求，全面提高人民法院的审判质效和司法公信力。为此，2015 年 9 月，最高人民法院下发了《关于完善人民法院司法责任制的若干意见》（以下简称《责任意见》），正式开启了“以严格的审判责任制为核心，以科学的审判权力运行机制为前提，以明晰的审判组织权限和审判人员职责为基础，以有效的审判管理和监督制度为保障”为目标导向的法官责任制改革。为配合《责任意见》的落实，2016 年 7 月中央办公厅和国务院办公厅联合下发《保护司法人员依法履行法定职责的规定》，2016 年 10 月最高人民法院和最高人民检察院联合印发了《关于建立法官、检察官惩戒制度的意见（试行）》，2017 年 2 月最高人民法院印发《人民法院落实〈保护司法人员依法履行法定职责规定〉的实施办法》，2017 年 4 月最高人民法院出台《最高人民法院关于落实司法责任制完善审判监督管理机制的意见（试行）》，2017 年 10 月中央办公厅印发《关于加强法官、检察官正规化专业化职业化建设，全面落实司法责任制的意见》。

近年来，中央印发了《领导干部干预司法活动、插手具体案件处理的记录、通报和责任追究规定》，旨在保障法官依法独立公正行使审判权，但对于法官如何登记、如何证明、如何不被打击报复等重点事项并未被解决。《最高

① 参见万毅、刘沛胥：《刑事审限制度之检讨》，载《法商研究》2005 年第 1 期。
② 参见柴靖静：《论审限制度约束行为的主体》，载《法律适用》2014 年第 8 期。

人民法院关于完善人民法院司法责任制的若干意见》第28条规定，因下列情形之一，导致案件按照审判监督程序提起再审后被改判的，不得作为错案进行责任追究：（1）对法律、法规、规章、司法解释具体条文的理解和认识不一致，在专业认知范围内能够予以合理说明的；（2）对案件基本事实的判断存在争议或者疑问，根据证据规则能够予以合理说明的；（3）当事人放弃或者部分放弃权利主张的；（4）因当事人过错或者客观原因致使案件事实认定发生变化的；（5）因出现新证据而改变裁判的；（6）法律修订或者政策调整的；（7）裁判所依据的其他法律文书被撤销或者变更的；（8）其他依法履行审判职责不应当承担责任的情形。上述规定对于保护法官依法行使自由裁量权发挥了积极作用，但是没有解决司法责任豁免问题，法官责任的免责事由相对较为狭窄。

（二）司法责任追责机制建构现状

1. 各省市法官惩戒委员会设立现状

为落实让审理者裁判，由裁判者负责，“两高”出台实施了一系列规范性文件。最高人民法院出台实施《最高人民法院司法责任制实施意见（试行）》《关于落实司法责任制完善审判监督管理机制的意见（试行）》等。首批入额检察官遴选工作结束后，最高人民检察院确定了12项机关司法责任制改革相关配套制度，目前已出台10项，包括《最高人民检察院机关案件承办确定工作管理办法（试行）》《最高人民检察院机关检察官业绩考核办法（试行）》等。在法官法（修订草案）、检察官法（修订草案）中，宪法和法律委员会还进一步明确了法官、检察官惩戒委员会职能：专业审断是否错案、拖延办案。截至目前，全国已有20多个省份成立了法官检察官惩戒委员会，惩戒委员会负责就法官、检察官违法办案责任作出专业认定，严格依法追究办案责任。

2. 人员组成情况

根据目前搜集到的资料，笔者选取了8个不同地区的省级法官惩戒委员会的人员组成情况，从分析看出，首先，不同省份法官惩戒委员会的名称是不同的，有的省份惩戒委员会和遴选委员会组成人员相同，是两个牌子一套人马，有的省份是分开的，组成人员不同。其次，惩戒委员会人员的构成是非常不同的，比如河北省将委员会委员分为常任委员和非常任委员，常任委员只有5名，非常任委员则多达50名，而宁夏和上海的委员会委员均为常任委员，人数是15名。山东、海南、四川等地的委员会委员人数在30人左右，是否划分常任委员或非常任委员以及如何进行日常工作还都未可知。江苏则创立了另外一种模式，常任委员包括主任、副主任及专门委员，在此之外建立了法官代表库和检察官代表库，代表库的设立意味着委员会在组成上具有随机性，在进行具体工作时可以随机抽选人员，以保证惩戒工作的公平公正性。那么目前看来，江苏的法官惩戒委员会的组成人员模式相对来说是更加优秀和值得借鉴的。

但是，到目前为止，相关资料收集得仍然不够全面，部分省份委员会的人员构成情况尚未获取资料，有待进一步收集和完善。

2. 各省市法官惩戒委员会制度现状

诸多已经设立法官惩戒委员会的省份也都已经出台了相应的惩戒实施办法。例如，海南省就在2018年7月16日开始实行《海南省法官惩戒实施办法(试行)》，这一实施办法明确规定，法官违反审判职责的行为属实，法官惩戒委员会认为构成故意或者因重大过失导致案件错误并造成严重后果的，相关人民法院应当分别情况予以处理。主要的惩戒事由有七条：（1）审理案件时有贪污受贿、徇私舞弊、枉法裁判行为的；（2）违反规定私自办案或制造虚假案件的；（3）涂改、隐匿、伪造、偷换和故意损毁证据材料的，或者因重大过失丢失、损毁证据材料并造成严重后果的；（4）向合议庭、审判委员会汇报案情时或在审理报告中隐瞒主要证据、重要情节和故意提供虚假材料，或因重大过失遗漏主要证据、重要情节导致裁判错误并造成严重后果的；（5）制作诉讼文书时，故意违背合议庭评议结果、审判委员会决定的，或者因重大过失导致裁判文书主文错误并造成严重后果的；（6）违反法律规定，对不符合减刑、假释条件的罪犯裁定减刑、假释的，或者因重大过失对不符合减刑、假释条件的罪犯裁定减刑、假释并造成严重后果的；（7）其他故意违背法定程序、证据规则和法律明确规定违法审判的，或者因重大过失导致裁判结果错误并造成严重后果的。同时也规定了非惩戒事由。对于惩戒事由处理的措施有批评教育、责令检查、通报批评；停职、延期晋升、责令退出员额、免职、责令辞职、辞退；给予纪律处分；等等。涉嫌犯罪的，由监察部门将违法线索移送监察委处理。其还设置了澄清机制，法官惩戒委员会讨论决定认为是诬告的，应向诬告人所在单位或诬告人所在地有关部门通报诬告情况并建议作出处理，依法追求诬告人责任，并责成其公开向被调查人道歉。

## 三、司法责任制追究的域外经验

国外针对法官不当行为大致有两种惩戒程序：一是弹劾程序，目的在于对实施严重犯罪行为、不法行为或不当行为的法官进行罢免；二为惩戒程序，目的在于对有违法失职行为的法官进行纪律处分。[①] 联合国《关于司法机关独立的基本原则》规定："对法官作为司法或专业人员提出的指控或控诉应按照适当的程序迅速而公平地处理。法官应有权利获得公正的申诉机会。有关纪律处分、停职或撤职的程序的决定必须接受独立的审查。"[②] 在法官惩戒程序构造上，无论是在设立纪律法院的德国，还是在设立法官惩戒委员会的美国，还是由高等法院审理惩戒案件的日本，其构造均是司法化的，惩戒机构都是通过审理案件来作出惩戒决定。

1. 美国的法官惩戒制度

在美国，根据其宪法第三条的规定，联邦法官一经任命即终身任职，除非严重行为不端而遭到弹劾，薪水较为可观，且不受财政状况的影响。美国联邦法院层面，可惩戒的行为包括两个方面：即重大罪行和不端行为。[③] 美国建立了"优绩甄选"的司法考评模式，无论是留任选举还是任命制产生法官，美国多数州对法官在司法过程中的表现进行考评并予以公开或供法官作自我改进的参考，既缓解了法官坚持独立审判所承受的"结果导向"型司法问责的压力，又能对法官改善司法表现和司法品质形成必要的激励。在美国，对州法官进行司法问责的办法不多，信访、网络或街头抗议难以奏效，通过代议机关（必须州参、众两院均表决同意）弹劾法官也成功率不高。在过去几十年中仅有个别成功案例。行之有效的手段，一是向州司法纪律委员会投诉，二是在法官的竞争性选举或留任选举中阻止法官当选。美国州法院系统对于司法惩戒制度多采纳美国律师协会制定的《法官纪律惩戒程序示范规则》，该示范规则规定惩戒的原因主要是两个方面：（1）违反司法行为准则或律师职业行为准则或其他相应职业道德准则的行为；（2）故意违反最高法院或委员会各庭在根

① 参见丁文生：《"错案追究制"司法效应考——兼论我国的法官惩戒制度》，载《湖北警官学院学报》2013 年第 1 期。

② 最高人民法院中国应用法学研究所编、韩苏琳编译：《美英德法四国司法制度概况》，人民法院出版社 2002 年版，第 469 页。

③ 严仁群：《美国法官惩戒制度论要》，载《法学评论》2004 年第 6 期。

据本规则进行的活动中作出的有效命令，或故意不按要求出庭，或故意对惩戒机构的合法命令不作答辩。在该规范的术语解释中，不当行为即被解释为法官所实施的可导致惩戒的行为。美国各州均规定了法官的纪律调查及惩戒程序，当事人可申请对涉嫌渎职失责的法官进行调查。如经查证属实，法官纪律委员会有权给予或建议最高法院予以警告、训诫、罚款、停薪停职、强制退休乃至免职。如2006年共计12名州法官被免职，11名以退休或辞职替代惩处，另有111名被公开警告、训诫或停职。①

2. 德国的法官惩戒制度

德国联邦法院法官的惩戒事由主要由法官法和联邦公务员法规定。德国法官法第46条规定，除法官法另有规定或与法官地位明显不相容外，联邦法官也适用德国一般公务员惩戒的规定。德国联邦公务员法对于一般公务员惩戒事由采取的是失职惩戒制，即违反职务上作为或不作为义务而受相应惩戒。德国法官法、刑法典对法官惩戒事由也作了规定，刑法典主要规定两方面事由：一是不当行为；二是使清白者蒙冤受刑之错误判决。对于第二个事由原则上只有故意实施才属于受到惩戒的事由，但法官如因重大过失导致清白者被判刑，将受到惩戒。对于德国联邦宪法法院法官的惩戒事由，由德国基本法、联邦宪法法院法规定，体现在法官如有不当影响名誉的行为，可能被判处六个月以上刑罚。在因违背职务情节重大不能再担任职务时，可免除其法官职务。法官的实质性裁判行为原则上不得成为惩戒依据，除非能证明是故意或重大过失所致，否则不得单纯以判决结果不正确为理由追究法官责任。

3. 日本的法官惩戒制度

在日本，对于法官的惩戒根据其行为性质严重程度不同，可分为一般的法官惩戒和弹劾法庭的惩戒。一般惩戒是对于达不到弹劾严重程度的法官的不良行为，由高等法院或最高法院组成合议庭给予告诫或一万日元以下罚款的制裁。法官惩戒由高等法院或最高法院自己审理，对高等法院作出的处理，可以上诉到最高法院。最高法院处理的，不得上诉。弹劾法庭属于专门性的负责司法弹劾案的机构。由国会两院议员选举出的14名议员组成的“弹劾法庭”对于违反职责、严重玩忽职守或者显著丧失法官威信的行为进行审理，并作出是

① 蒋银华：《法官惩戒制度的司法评价——兼论我国法官惩戒制度的完善》，载《政治与法律》2015年第3期。

否罢免的裁判。弹劾法庭职权的行使不受国会和法院的影响，在国会闭会期间也可以开庭。①

## 四、司法责任追责机制存在问题及原因分析

从目前收集到的资料来看，最大的问题就是不同省份在司法责任追责机制上的设置是不统一的，当然，这是符合探索符合各省实际情况的司法责任追责机制的司法实践规律的，但是，从这种不统一中可以看出对于一些制度方面的设计是存在不同的观点和矛盾的，那么这些不同之处也就是我们需要研究的方面。与此同时，还存在一些在各省的探索中还都尚未明确的问题，比如更加具体的事项提出机制、是否符合惩戒事项的认定机制以及相应的举证责任分配等等，那么这些也是我们需要研究的问题。总结起来，主要包括以下几个方面的问题。

### （一）追责事项亟待统一订立

即便追责机制其他方面的事项可以存在不同之处，但惩戒事项一定是需要全面统一的，但实践中的规定并不统一。体现在规定司法责任的法律与司法解释或部门规章规定存在冲突，还体现在同一部门不同时期的立法存在矛盾。目前除了法官法、刑法以及最高人民法院和最高人民检察院的相关司法解释外，各地也制定了相应的司法责任追究办法和认定细则。法律规定的无序性带来司法适用标准不统一的问题，导致实务部门缺乏对于司法责任认定的准确界分。此外还存在立法位阶问题，对于法官责任追究的内容，理应由全国人大及其常委会进行立法规定，但在实践中法院系统通过内部文件就可行使追责功能，有僭越立法之嫌疑。② 在司法实践中，很多法官对司法责任的性质认识不清楚。如有的学者 2017 年针对 S 省 8 个法院（基层法院 5 个、中级法院 3 个）的法官所发放的 320 份有效调查问卷中，调查者设计了一道多选题："您认为《最高人民法院关于完善人民法院司法责任制的若干意见》中的'责任'是什么责任"？从回收的问卷统计来看，在法官责任类型的识别上，有 302 人次将法官责任识别成"组织纪律责任"，占被调查者的 94.4%；其次是有 268 人次将其识别为"刑事责任"，占被调查人的比例为 83.8%；再次为"办案责任"，

---

① 陶珂宝：《日本和法国的法官惩戒制度简介》，载《法律适用》2003 年第 9 期。

② 参见王迎龙《司法责任语境下法官责任制的完善》，载《政法论坛》2016 年第 5 期。

有202人次，占被调查者的63.1%；认为是“司法伦理责任”的人次为195人，占被调查者的60.9%；认为是“行政责任”的为91人次，占被调查者的28.4%；在被调查者中有44人次认为“责任性质不明”，占被调查者的比例为12.2%。[①] 法官及社会群体对追责事项认识的不统一反映了司法责任制在现实中应用的困惑。

### （二）追责机制不健全、程序不完善、较为随意

在追责机制中，当事人缺乏申辩权，有的法官即使尽到了谨慎勤勉义务，仍然被追究司法责任。典型的如河南舞阳“王桂荣法官案”。在该案中王法官谨慎履职，没有违法违纪行为，但判决被认定错误且造成了严重后果，被追究刑事责任。[②] 在当前，司法责任追责在现实中并无专门的适用程序，追责标准及对象的确定也较为随意。另外，在法官审判权不充分的情况下，法官会受到审委会讨论、上级法院指示等各种因素干扰或分权，导致审判独立不充分、责任不明确，可能在人情、关系的社会网络中利用职权谋利而不被有效问责。

### （三）司法责任制追责公开性差

基于我国特定的司法体制及传统文化背景，我国司法追责公开性不强。原因在于体制方面，由于法院、检察院内部司法人员的司法责任被认为是本单位甚至是上级司法机关对案件质量把控不严、司法人员管理不力的结果，特别是对该单位的主要领导影响较大，关系其政治命运。在司法追责机构负责人与被追责司法人员利益一体化的情况下，司法追责机构负责人被司法追责所绑架，由于害怕司法追责的“连带性”，导致其不愿意将司法追责公开化，而选择进行内部处理或通报。[③] 在我国传统文化中，信奉“君子为人讳”的道德信念，在发生司法追责时，一般都尽可能低调处理，并将司法追责范围限制在单位内部，导致追责程序、对象、结果不为人所知。

---

① 参见方乐：《法官责任制度的司法化改造》，载《法学》2019年第2期。

② 该案的判决理由是：无论其工作态度上如何尽力，程序如何完善，但却始终没有审查出案卷中存在矛盾的相关重要书证，也未核实出卷宗中来源不合法的证据及证据复印件，并对于某某及其辩护人提出的辩解没有认真调查核实，且据该类证据作出案件事实清楚、证据充分的审理报告相继汇报到院审委会和市中院，后导致院审委会和市中院作出错误决定，最终使于某某被错判有期徒刑十年，实际服刑2085天，国家赔偿20余万元的严重后果，无论是从物质形态上还是社会政治影响上均属于造成国家和人民利益遭受重大损失，不能认定为一般工作失误，应依法予以刑事追究。参见周长军：《司法责任制改革中的法官问责——兼评〈关于完善人民法院司法责任制的若干意见〉》，载《法学家》2016年第3期。

③ 宋远升：《司法责任制的三重逻辑与核心建构要素》，载《环球法律评论》2017年第5期。

### （四）司法追责的制裁及威慑力不强

司法追责是案件质量控制的重要手段，也是保障法官合法、合规从事司法工作的重要机制。但是司法追责没有产生制裁或威慑效果。根据专家统计，从2012年至2015年，上海市共有22起国家刑事赔偿的案件，却无一起案件的办案人员因此受到司法追责。“呼格吉勒图案”也是如此，除了该案的专案组组长因贪污、受贿被刑事追责外，其他人至多是受到行政纪律处分。① 另外，在司法责任制规定如此严格的情况下，2019年以来，根据省院监察局通报，江苏法院系统因违纪违法被处罚的干警数量呈现明显上升趋势，这也体现出目前我国的司法追责制裁及威慑力还没有发挥出应有的效果。

## 五、司法责任制追究的向度

### （一）司法责任制追责的范围要把握宽严相济原则

所谓宽严相济，是指对司法追责的范围要把握重点，该严格严格，不该严格或没有必要的不进行追责。只有当法官个人有故意违反法律和司法职业伦理的行为，或者有重大过失并导致严重后果的行为时，国家才能启动追究法官个人责任的机制。除此之外，笔者赞同陈瑞华教授的意见，司法追责要加强对法官职业伦理责任的追究，应当对法官违反职业行为规范的行为追求必然惩罚的结果，使任何违反职业行为规范的行为都能受到准确、及时的惩处。对于法官违反职业伦理规范的行为，可以直接启动追责程序，不需要考虑这些行为是否造成了严重后果，贯彻行为中心主义的追责原则。②

### （二）司法责任制追究要体现团队分工原则

司法责任制要体现团队责任原则。因为任何一个案件审判的完成，需要法官、法官助理、书记员的共同努力。在责任分工中，法官负担案件的整体责任，法官助理、书记员根据职责承担与其分工相应的责任。只不过法官的责任较大，而法官助理、书记员的责任较小。但是实践中也存在法官助理、书记员胆大妄为的情况，如未经法官审核采取或变更诉讼保全措施，有意制造错误的笔录或裁判结果等。所以，明确法官助理、书记员的责任承担，才能利于他们与法官之间相互监督制约，而不是可以不负责任地开展工作。

---

① 宋远升：《司法责任制的三重逻辑与核心建构要素》，载《环球法律评论》2017年第5期。

② 陈瑞华：《法官责任制度的三种模式》，载《法学研究》2015年第4期。

**（三）司法责任制追究要体现程序正当原则**

所谓程序正当原则，就是在追究法官的责任时，要给予法官申辩、听证的机会，要符合直接言辞原则。这种程序正当体现为两个方面，一是在内部监察调查时体现程序正当。即要按照《最高人民法院关于完善人民法院司法责任制的若干意见》第35条的规定，人民法院监察部门应当对法官是否存在违法审判行为进行调查，并采取必要、合理的保护措施。在调查过程中，当事法官享有知情、辩解和举证的权利，监察部门应当对当事人法官的意见、辩解和举证如实记录，并在调查报告中对是否采纳作出说明。在法官惩戒委员会的运行上，要通过司法化改造，建立权责明晰且相互匹配、相互统一的法官责任制度，在此基础上配置以司法化为导向的法官问责程序与机制，确保以司法化的思维、标准与方式解决问题。①

**（四）司法责任制追究要把握教育在先、惩戒在后原则**

要区分管理要求与追责的界限，不能把管理工作标准作为追责标准。因为管理要求更高，不能把管理的高要求变成普遍的追责标准，否则就使法官丧失自由裁量。管理标准是教育的要求，惩戒是对错误的回应，应把握教育从严、惩戒从宽原则，不然就会导致不教而诛而失去教育的意义。对办案中存在的瑕疵，如不影响案件结论的，不宜追究司法责任。否则，会导致出现丹宁勋爵所描绘的情形：法官一边用颤抖的手指翻动法书，一边自问："假如我这样做，我要负赔偿损害的责任吗。"②

**（五）司法责任追究要符合司法伦理原则**

对于违背司法伦理的，即使没有违法审判，仍然要被追究责任，进行司法惩戒。对此，恰如美国的葛维宝教授指出，法官职业道德准则的总体要求就是法官在一切活动中，不论是与职务有关的还是职务以外的，都应当避免不当行为以及让人感觉不当的行为。因此，即便是法官职务以外的发表歧视性言论、开低俗玩笑等不当行为，也要受到职业伦理惩戒。③ 对于没有违反司法职业伦理的法官，追究其司法责任可能不当，也不符合实体正义与程序正义结合的要求。实践也证明，需要追究司法责任时，法官往往会存在不符合司法伦理或司

---

① 方乐：《法官责任制度的司法化改造》，载《法学》2019年第2期。

② ［英］丹宁：《法律的正当程序》，李克强等译，群众出版社1984年版，第56～57页。

③ 参见［美］埃莉诺·W. 迈尔斯：《美国律师协会法官行为准则纵览》，怀效锋主编：《法官行为与职业伦理》，法律出版社2006年版，第478页。

法职业规范的情形。

当前，在司法责任制运行中要警惕两种倾向：一是司法责任滥化；二是片面的司法无责论抬头。这两种倾向在现实中都存在，都需要加以警惕，而不能将司法责任制推向极端化和片面化。就司法责任滥化而言，主要指在司法工作中，责任过多、过滥，任何工作上的闪失都可能上升到司法责任的地步，这就是明显的作茧自缚，困住了自己的手脚，使法官不能放手开展工作。防止司法责任滥化，需要我们分清问题与责任，不能把工作中遇到的解决不了的问题及体制机制上需要改进的问题作为法官的责任来承担或追究，而且司法责任追究一定是达到一定程度的问题，影响到案件性质及当事人权益实现的问题，不是简单地信访投诉反映的问题。片面的司法无责论是指认为法官都是尽责的，从而认为法官只要尽到程序义务，就不需要承担责任，这种看法目前市场很大。司法无责的倾向，体现了法学界和一些民众对司法改革工作的认可，对法官辛苦程度的褒奖，但司法无责的倾向，会导致法院干警盲目乐观，从而会导致法官对自身的不足及审判团队存在的问题总结不够、反思不足、整改不严、学习不细，导致在司法工作中小错不断、大错不犯，但是千里之堤，毁于蚁穴，错误积累到一定程度，必然带来冤假错案，导致不可挽回的结果。近年来个别法院暴露出的审判、执行工作问题，廉政问题，作风问题，都是司法无责的侥幸心理作祟的结果，都是过于放松、麻痹自信的结果，这都是值得总结反思的。

对上述两种倾向，必须进行整改和教育，要形成通过加强审判管理来强化司法责任的机制。司法责任制不是为了追究法官的责任，更是为了保护和激励法官办好案、把好关，司法责任不仅是担当和承担责任，更需要的是责任意识、责任情怀、责任观念、责任行为，只有形成司法责任的体系化，才能实现司法管理的常态化。强化日常司法管理，不仅仅是流程管理、审限管理和跟踪，还包括法院的内部管理和监督，也包括社会各界及媒体的监督，这些管理和监督都是提醒和防范的措施，对于审判执行权力比较集中的法官来说，是十分需要的，“偏听则暗，兼听则明”，一个有担当的法官应该是有底线、守规则、知敬畏的法官，而不是自以为是的法官。在当前的审判管理中，加强对各类案件审判执行工作的评查、发改案件的评查、信访投诉的评查十分必要，这不仅能够使各级法院和法官能够看到自身存在的问题，同时也有更多的警醒意识和改进机会，从而不断强化审判执行工作中的责任节点，从严把控好司法责任的“流水线”。

## 六、司法责任制追究的改革路径

我国司法责任追责机制的构建，不仅要顺应司法改革的要求，还要与我国目前司法改革的配套措施相呼应，既要适度超前，又要满足人民对司法工作高质量的期待，既要激励法官的工作积极性，又要实现司法追责及惩戒的常态化。为此，我国司法追责的改革路径应从如下几个方面入手。

### （一）追责事由的明细化

在追责及司法惩戒事由上，违法审判与严重后果是追责的重要事由之一。但这种事由还不足以概括全部情形。应当明确追责事由以法官的不当行为为依据，不当行为包括明显违反法律规定的行为，将故意或重大过失体现到违反法律规定上，体现到违法办案上。在案件处理过程中将违反法律职业伦理及职业道德的行为纳入追责及司法惩戒的内容，并将违反职业伦理及职业道德行为上升到法官法的高度，在今后法官法再修订时丰富对法官追责的具体内容，使追责事由进一步明细化、法定化。

### （二）追责渠道构建的系统化

在追责及司法惩戒的渠道构建上，我国还应构建多元一体的司法惩戒渠道系统。把案件质量评查、当事人申请再审、信访投诉、社会舆论及媒体监督作为追责及司法惩戒的渠道来源，在我国案件数量多、法院自身监督力量有限的情况下，只有发挥多元追责渠道来源的作用，才能充分保障群众合法权益，及时追责及惩戒法官队伍中的害群之马。但要建立上述追责渠道来源与法官惩戒委员会的衔接程序及对接机制，减少中间的过渡环节，使法官惩戒委员会发挥中立、公信、权威的职能作用，避免法官惩戒的行政化、官僚化，实现法官惩戒委员会保护法官与惩戒问责的平衡。

### （三）追责程序的科学化

追责及司法惩戒程序的科学化，要求对法官的党纪、政纪处分应当建立在法官惩戒委员会建议处理的基础上，如果对法官的追责或惩戒不需要征求法官惩戒委员会建议就直接作出，则法官惩戒委员会就形同虚设，司法改革成立此机构就没有任何意义。要构建科学的追责程序，不仅要对法官惩戒委员会的运作进行司法化改造，使法官权益有程序机制保障，使对法官的追责惩戒有正当程序的支撑，则党纪、国法的执行及问责更加有合法化依据。因此，应当根据纪检、监察部门的证据审查意见先启动对法官的惩戒问责程序，再作出处理的建议意见，在当事法官要求复议或上诉的程序终结后，交由党纪执行部门作出处理决定，触犯刑法的，再依法追究其刑事责任。综上，即法院法官惩戒程序启动在前，其他外部机构处理启动在后，防止两种处理结果的不一致。

（四）追责结果的再明确细化

应当借鉴国外司法惩戒制度的先进经验，司法惩戒既要与党政处分条例、政法单位工作条例内容接轨，又要与国际接轨，在处理结果上，违法违纪严重的法官，不仅要开除党籍、公职，免除其法官身份，还可以配套设计其他职业禁止措施，如禁止在几年内或终生从事法律职业，对于违法违纪不严重，但违反法律职业伦理或职业道德的，可以建立责令辞职或提前退休制度，避免此类法官以后“带病”工作，影响司法公信和司法权威。

（五）追责机制运行的通报与公开化

追责惩戒机制的通报与公开化是司法信息公开的必然要求，也是法官职业公信力的重要保障。从各国追责情况来看，公开是常态。因为法官遴选是公开的，同样法官的惩戒及离职也应该是公开的，也只有将追责及惩戒情况公开化，才能使司法追责及惩戒摆脱行政化的干扰，避免将司法惩戒情况变成法院领导的“形象工程”，从而导致追责软化、惩戒虚化，进而导致更大的司法危机。

（六）追责机制配套措施的保障化

义务要与权利相一致，对司法责任追究和法官惩戒的常态化要建立在对法官职业保障到位的基础上。我们认为，保障配套措施到位体现在如下几个方面：首先要建立司法辅助事务的精准化现代化。即要通过科学配置司法辅助人员，提高司法辅助人员的职业素养和工作能力，建设一支高效精干的司法辅助工作队伍，满足法官的辅助工作需求。其次，要实现法官学习培训机制的科学化。使法官的知识储备和实践技能能够与时俱进，符合现代精英司法的工作要求。为此，要建立好类案裁判机制，促进司法的智能化、信息化。再次，要完善法官的职业保障机制，包括人身安全、名誉尊荣、荣誉激励保障，要强化法官职业的经济保障制度，学者的研究成果表明法官的收入保障水平直接影响了法官的行为模式。① 法官在美国绝对属于中产阶级，不仅在薪酬或经济收入上高于一般公民，与政府公务员相比优势明显，而且美国法官退休保障待遇优厚，比我国法官优越很多，具体见下表1。②

**表1 中美法官经济保障对照表**

| 国别 | 标准 | 法官收入级别 | 与公务员比较 | 人均收入比较 | 退休保障 |
|---|---|---|---|---|---|
| 中国 | 参照公务员 | 15级别 | 基本一致或略高 | 2.5倍至3倍 | 取消法官津贴 |
| 美国 | 单独立法规定 | 联邦四级和地方一级 | 公务员工资的2.5倍 | 3.5倍至4倍 | 保持原收入水平 |

此外，美国法官的薪酬属于国家专门法律保护的范畴，在任职期间不得减少，而且在通货膨胀的时候薪酬也进行调整。第四，要建立科学的司法责任豁免制度。在经济高程度保障的同时，美国法官还实行司法责任豁免特权制，充分体现了司法权力与司法责任平衡的原理。但在我国法官经济收入保障远低于美国同行的同时，司法责任终身追究，这与权利与责任平衡原理不符，也体现出我国法官权利保障与司法责任之间的失衡。近期，我国应建立与现行司法责任制相适应的法官薪酬保障和终生任职职业保障制度，推动建立法官津贴退休保障制度，以体现司法职业的尊荣感和成就感，体现司法职业保障的普遍性和最优化。

目前最高人民法院的司法解释规定了法官不受追责的情形，但是明显效力等级不够，对其他公权力部门无法形成有效制约，也不能有效说服社会公众。建议通过法律的形式确立法官的豁免权。建议将法官法第11章“惩戒”修改为“惩戒与豁免”，增加对法官不追究责任的规定，可规定如下情形对法官不追究责任：（1）因当事人举证不力或故意隐瞒证据导致案件事实认定不清的；（2）基于当时的认识能力无法准确认定案件事实的；（3）对法律、法规的理

① 学者研究发现，收入低于生存和安全的需要，会导致法官容易突破道德底线；收入水平低于社会尊重需要之前，收入增长带来的法官尊重需求满足程度增加，法官的公正和效率随之增加；收入水平满足法官社会尊重需要之后，非法收入的吸引力最低，且职业吸引力最大。参见石必胜：《法官需求状态的解析与法官行为模式的规制》，载《法治论丛》2005年第2期。

② 参见丁文生：《中美法官经济保障比较研究》，载《中南民族大学学报（人文社会科学版）》2014年第3期。

解和认识不一致而出现不同裁判意见导致不同裁判结果的；（4）出现新的证据而改变原裁判的；（5）因法律法规废除、修改或者政策调整而动摇原裁判法律基础的；（6）当事人在诉讼过程中非因法官主观故意而导致人身或财产损失。只要法官依照诉讼程序推进庭审，即便在诉讼过程中发生一些损害结果，或者裁判结果因客观原因变化出现不合理的情况，法官也不应被追责。应慎重设立“其他情形”等兜底条款，以确保法官豁免权具有足够的刚性。应当原则上规定，在法官没有实施违法违纪办案行为，或者主观上没有过错的情况下，不应当承担司法责任或被问责。在明确法官责任豁免及不追责情形的同时，还要建立明确的司法人员权责清单，明确独任法官、合议庭、院庭长、法官助理及书记员的工作职责，只有权责清晰，才能追责准确。要完善司法人员职责及流程管理监控留痕制度，明确庭审笔录、法官会议记录、审委会记录的备份保管机制，使各类案件处理过程全程留痕，并明确司法辅助人员应承担的责任，形成完整的责任追究系统。

[新类型疑难案例选评]

# 洪某某与沈某某、郑某彩票合同纠纷案

龚 杨*

【基本案情】

原告：洪某某。

被告：沈某某。

被告：郑某。

原告洪某某诉称，原告系中国福利彩票代销者，经营地址为舟山市定海区人民南路10号。两被告系夫妻关系。被告沈某某经常到原告经营的投注站里购买彩票，进行彩票“快2”（5分钟开一次奖）投注，被告沈某某有赢时即时提现，输时小额即时即付，大额过几天支付的习惯。2017年4月22日，被告沈某某在原告店里买“快2”中了2.97万元，扣除投注款，赢了0.4万多元。2017年4月23日，被告沈某某在原告经营的投注站进行“快2”彩票投注。原告站点的彩票机存款用完后，经被告沈某某要求，原告联系案外人的投注站继续为该被告提供彩票。被告沈某某未及时付款，共欠原告彩票款18.8231万元。第二天，被告沈某某支付了2.60万元，尚欠彩票款为162231元。原告已经向芙蓉洲路50号、白泉镇万金湖路92号、盐仓街道兴舟大道323号三家投注站付清了彩票款。原告认为，被告沈某某向原告购买彩票，理

* 作者单位：浙江省舟山市中级人民法院。

应支付购票款，被告郑某作为沈某某的妻子，对上述债务负有共同还款责任。

被告沈某某辩称，被告沈某某在2017年4月23日因为喝酒丧失本意，购买彩票非其真实意思表示。原告“快2”的投注倍数超出规定，原告采用赊销方式违反规定。被告沈某某欠彩票款18万余元一节缺乏证据。被告郑某对彩票一事不知情，不应承担责任。被告郑某未到庭，亦未发表答辩意见。

【审判结果】

舟山市定海区人民法院经审理认为，原告提交的证据可以形成证据链证明其主张的事实。据此，对原告主张的事实予以确认。被告沈某某提交的证据未能体现被告沈某某有妄想等精神症状，其购买彩票的行为应为被告沈某某的真实意思表示。本案纠纷因购买彩票而产生，立案案由为“合同纠纷”，应适用“彩票纠纷”分级案由。原告洪某某系中国福利彩票的代销者，被告沈某某向原告经营的投注站购买“快2”彩票，双方之间建立了彩票合同关系。《彩票管理条例》规定彩票代销者不得以赊销形式销售彩票，该规定系管理性强制性规定，并非效力性强制性规定，故原告与被告沈某某之间的彩票合同仍合法有效。被告沈某某购买彩票后未付清彩票款，应承担违约责任。原告要求被告沈某某支付剩余彩票款162231元的诉讼请求于法有据，予以支持。被告沈某某购买彩票的金额显然超过了合理限度，并非家庭日常生活所需，系沈某某个人债务。遂判决：沈某某向洪某某支付彩票款162231元。

沈某某不服一审判决上诉称，彩票合同系实践性合同，其与洪某某之间的彩票买卖合同因未发生钱款及彩票的交割而未成立。事发当天下午4时后，沈某某开始出现病理性酒精中毒发作的迹象，洪某某利用其意识不清的危困境地，在未与其进一步确认彩票数字、倍数、价格等关键内容的情况下，刻意打印大量巨额彩票。双方实际上并未达成购买彩票的合意，买卖合同并未成立。

舟山市中级人民法院经审理认为，沈某某虽然在购买彩票当天喝过酒，但是从监控录像看，其正常投注、取款，并未出现醉酒状态，精神状态也无异常。沈某某称其购买彩票时出现病理性酒精中毒，但未提供相应证据证明，故不予采信。沈某某在洪某某经营的彩票代销点投注彩票，洪某某的工作人员按照沈某某指定的号码、投注倍数打印出彩票，此时彩票合同即成立。沈某某连续投注，开奖后洪某某与沈某某对中奖情况进行核算，沈某某已实际享有了其所购彩票的权益。现沈某某仅以纸质彩票未交付为由否认合同成立无事实依据，本院不予采纳。遂判决：驳回上诉，维持原判。

［评析］

## 彩票合同成立的两个要件

合同成立需具备两个条件，一是有明确的当事人，二是当事人意思表示达成一致。对于彩票合同而言，当事人应当是彩票销售机构（一般为省福彩中心或体彩中心）和彩民，彩票代销者（一般为彩票店经营者）并不是彩票合同的当事人。彩民发出购买彩票的要约，经彩票代销者传达给彩票销售机构后，彩票销售机构按照彩民选定的号码、倍数打印出相应的彩票，构成承诺，此时彩票合同乃成立。

### 一、彩票合同的当事人是彩票销售机构和彩民

彩票合同的内容是，彩民向彩票销售机构支付彩票款，获得中奖的机会；彩票销售机构向彩民出具彩票，当彩民中奖时，向彩民兑付奖金。因此，彩票合同发生在彩票销售机构和彩民之间，彩票合同的当事人应当是彩票销售机构和彩民。司法实践中，经常出现把彩票代销者误当成彩票合同当事人的情形。诸多名为“彩票纠纷”的案件多数实际上是彩票代销者与彩民之间发生的，因彩民拖欠彩票代销者垫付的彩票款而产生的纠纷，此类案件实质上应属于民间借贷纠纷。真正意义上的“彩票纠纷”数量并不多，表现为彩票销售机构向彩民催讨彩票款或者彩民请求彩票销售机构兑付奖金或赔偿损失。虽然司法实践中，当事人对此类发生在彩票代销者与彩民之间的案件是列为“彩票纠纷”还是“民间借贷纠纷”一般不会提出异议，此时案由的不同一般也不影响实体处理结果，但是作为案件的审理者，还是应当注意二者的区别，准确把握各当事人之间的法律关系性质。上述案例中，一审法院认定彩票代销者洪某某与彩民沈某某之间成立彩票合同关系，是不恰当的，不过鉴于判决结果是正

确的，故二审法院予以维持。

## 二、彩票合同以彩票销售机构打印彩票作为成立要件

对于彩民发出的购买彩票的要约（包括投注号码、倍数），实践中当事人之间很少存在争议。争议集中在彩票销售机构作出承诺的方式：是以彩票代销者接受彩民投注为准，还是以彩票销售机构打印彩票为准。笔者认为，应以彩票销售机构打印彩票为准。当彩票销售机构打印彩票时，合同乃成立。理由如下：

1. 以彩票销售机构打印彩票作为承诺方式，可以最大限度控制发行彩票的风险。发行彩票是国家筹集社会公益项目建设资金的重要方式，因此需要切实维护彩票市场健康稳定发展。彩票合同是射幸合同，具有以小博大的属性，需要尽可能控制风险，减少争议。显然，以彩票销售机构打印彩票作为彩票销售机构的承诺方式，要比以彩票代销者接受彩民投注作为彩票销售机构的承诺方式，安全得多。毕竟实实在在的彩票要比彩票代销者的“承诺”更容易鉴别。尤其是在巨额奖金的诱惑之下，若不以彩票作为唯一确定合同成立及兑奖的凭证，很难防止个别彩民与彩票代销者串通一气，谎称中奖的现象发生，而想要查实无疑将耗费极大精力。

2. 彩票代销者并未代理彩票销售机构作出“承诺”。彩票代销者在彩民与彩票销售机构订立彩票合同中充当的是传达人而非代理人的角色。在此，需要区分代理与传达这两个概念。二者的区别在于意思表示的有无：代理人必须自己作出意思表示；而传达人仅作转述，而不作出自己的意思表示。从彩民购买彩票的过程来看，彩票代销者系按照彩民的指令，把彩民投注的号码和倍数输入彩票机（传达给彩票销售机构），然后彩票机打印出相应号码和倍数的彩票。在这个过程中，彩票代销者仅仅是把彩民的要约内容传递给彩票销售机构，而没有作出自己的意思表示。因此，彩票代销者在彩票合同的订立过程中，并不是彩票销售机构的代理人而是传达人。即便彩票代销者对彩民购买彩票的要约作出“承诺”，其“承诺”的内容也应理解为“同意把彩民购买彩票的要约传达给彩票销售者”，而不是代彩票销售机构作出接受彩民要约的承诺。司法实践中，曾发生过这样的案例，彩票代销者接受彩民投注，却未及时

按照彩民的指令打印彩票，致使彩民“错失”大奖。彩民诉至法院后，法院判决彩票销售机构赔偿彩民（相当于中奖金额的）损失。笔者认为，在该案例中，法院将彩票代销者接受投注当成彩票销售机构的承诺，是不恰当的。彩票代销者虽然接受了彩民的投注，但没有把彩民的要约传达给彩票销售机构，彩票销售机构没有打印出与彩民要约一致的彩票，也就等于说没有作出同意彩民购买彩票的承诺，因此彩票合同并未成立，彩票销售机构不应承担（相当于中奖金额的）赔偿责任。

按照上述观点，上述案例中，洪某某按照沈某某的投注指令，打印出了相应的彩票，此时沈某某与彩票销售机构的彩票合同即成立，而交付彩票和款项应是合同成立后双方应履行的合同义务，而不是合同成立的条件，故二审法院没有采纳沈某某的上诉意见。

[最新立法司法动态]

最高人民法院

# 关于审理食品安全民事纠纷案件适用法律若干问题的解释（征求意见稿）

（2019 年 11 月 11 日）

为正确审理食品安全民事纠纷案件，保障公众身体健康和生命安全，规范食品市场秩序，根据《中华人民共和国食品安全法》《中华人民共和国消费者权益保护法》《中华人民共和国侵权责任法》《中华人民共和国合同法》《中华人民共和国民事诉讼法》等法律的规定，结合民事审判实践，制定本解释。

## 一、食品安全民事责任主体

**第一条【首负责任制的范围】**

【方案一】消费者因不符合食品安全标准的食品受到损害，依据食品安全法第一百四十八条第一款规定诉请生产者或者销售者赔偿损失，被诉的生产销售者以赔偿责任应由生产者或者销售者中另一方承担为由主张免责的，人民法院不予支持。属于生产者责任的，销售者赔偿后有权向生产者追偿；属于销售者责任的，生产者赔偿后有权向销售者追偿。

【方案二】消费者因不符合食品安全标准的食品受到损害，依据食品安全法第一百四十八条规定诉请生产者或者销售者赔偿损失或者承担惩罚性赔偿责任，被诉的生产销售者以赔偿责任应由生产者或者销售者中另一方承担为由主张免责的，人民法院不予支持。属于生产者责任的，销售者赔偿后有权向生产者追偿；属于销售者责任的，生产者赔偿后有权向销售者追偿。

**第二条【网络食品交易平台开展自营业务的责任】**网络食品交易平台以标记自营业务方式所销售的食品或者虽未标记自营业务但实际开展自营业务所销售的食品不符合食品安全标准，消费者根据食品安全法第一百四十八条的规定，主张网络食品交易平台承担作为销售者的赔偿责任的，人民法院应予支持。

**第三条【网络食品交易平台未尽审核义务的责任】**网络食品交易平台提供者未根据食品安全法第六十二条和第一百三十一条规定对入网食品销售者进行实名登记、审查许可证，或者未履行报告、停止提供网络交易平台服务等义务，使消费者受到损害，消费者主张网络食品交易平台提供者与平台内食品销售者承担连带责任的，人民法院应予支持。

**第四条【承运人提供不安全食品的责任】**公共交通运输的承运人向旅客提供的食品不符合食品安全标准，旅客主张承运人按照食品安全法第一百四十八条规定承担作为生产者或者销售者的赔偿责任的，人民法院应予支持；承运人以其不是食品的生产销售者或者食品是免费提供为由进行免责抗辩的，人民法院不予支持。

**第五条【食品安全法第一百二十三条规定的“其他条件”在民事案件中的认定】**有关单位或者个人明知生产者或者销售者从事食品安全法第一百二十三条第一款规定的违法行为而仍为其提供设备、技术、原料、销售渠道、运输、储存或者其他便利条件，消费者主张该单位或者个人依照食品安全法第一百二十三条第二款的规定与生产者或者销售者承担连带责任的，人民法院应予支持。

## 二、食品安全民事责任认定及承担

**第六条【销售者“明知”的认定】**食品销售者具有下列情形之一，消费者主张构成食品安全法第一百四十八条规定的“明知”的，人民法院应予支持：

（一）食品标明的保质期已过但仍然销售的；

（二）未能提供合法进货渠道或者以不合理低价进货且无合理原因的；

（三）销售者虚假标注食品生产日期、批号的；

（四）转移、隐匿、非法销毁涉案食品进销货记录、财务账册或者提供虚假信息的；

（五）因实施危害食品安全行为受到过行政处罚或者刑事处罚，又实施同种行为的；

（六）其他能够认定为明知的情形。

**第七条【不安全食品和欺诈的处理】**

消费者以食品不符合食品安全标准为由主张生产者或者销售者按照食品安全法第一百四十八条承担赔偿责任，人民法院经审理认为食品符合食品安全标准的，应当驳回消费者诉讼请求。消费者认为生产者或者销售者有欺诈行为，依据消费者权益保护法的规定另行起诉生产者或者销售者承担赔偿责任的，人民法院应予受理。

**第八条【不安全食品和欺诈的处理】**消费者有权选择根据食品安全法第一百四十八条第二款规定或者消费者权益保护法第五十五条规定主张生产者或者销售者承担惩罚性赔偿责任，但消费者主张双重惩罚性赔偿的，人民法院不予支持。

**第九条【承诺赔偿标准高于法定标准的处理】**销售者销售明知是不符合食品安全标准的食品，但向消费者承诺的赔偿标准高于食品安全法第一百四十八条规定的标准，消费者主张销售者按照承诺赔偿的，人民法院可予支持。

**第十条【承诺质量标准高于食品安全标准的处理】**食品符合食品安全标准但未达到生产者或者销售者承诺的质量标准，消费者主张生产者或者销售者按照食品安全法第一百四十八条的规定承担赔偿责任的，人民法院不予支持；消费者依据消费者权益保护法第二十四条、第五十二条、第五十五条以及合同法第一百零七条、第一百一十一条、第一百一十二条等法律规定主张生产者或者销售者承担责任的，人民法院应予支持。

**第十一条【食品安全惩罚性赔偿不以人身损害为要件】**食品不符合食品安全标准，消费者主张生产者或者销售者按照食品安全法第一百四十八条第二款规定承担惩罚性赔偿责任，生产者或者销售者以未造成消费者人身损害为由抗辩的，人民法院不予支持。

**第十二条【预包装食品漏标责任】**生产销售预包装食品，未标明生产者的名称、地址、生产日期和保质期、成分或者配料表，消费者主张生产者或者销售者按照食品安全法第一百四十八条第二款规定承担赔偿责任的，人民法院应予支持，但法律另有规定的除外。

**第十三条【销售进口食品赔偿责任】** 进口的食品、食品添加剂不符合我国食品安全国家标准或者国务院卫生行政部门决定暂予适用的标准，消费者主张销售者按照食品安全法第一百四十八条规定赔偿，销售者仅以进口食品、食品添加剂符合出口地食品安全标准或者经我国出入境检验检疫机构检验合格为由抗辩的，人民法院不予支持。

**三、其他**

**第十四条【食品安全公益诉讼】** 生产销售不符合食品安全标准的食品，侵害众多消费者合法权益或者具有危及消费者人身健康的危险，损害社会公共利益，民事诉讼法、消费者权益保护法等法律规定的机关和有关组织依法提起公益诉讼的，人民法院应予受理。

民事诉讼法、消费者权益保护法等法律规定的机关和有关组织依法提起公益诉讼的，不影响消费者依据民事诉讼法第一百一十九条的规定提起诉讼。

**第十五条【移送涉嫌犯罪材料】** 人民法院在审理食品安全民事纠纷案件过程中，发现涉嫌犯罪的，应当及时将有关材料移送公安机关。

**第十六条【附则】** 本解释自　年　月　日起施行。

本解释施行后人民法院正在审理的一审、二审案件适用本解释。

本解释施行前已经终审，本解释施行后当事人申请再审或者按照审判监督程序决定再审的案件，不适用本解释。

最高人民法院以前发布的司法解释与本解释不一致的，不再适用。

# 《民事法律文件解读》
# 2019 年总目录

## 法律、法律性文件与解读

## 行政法规、法规性文件与解读

## 司法解释、司法指导性文件与解读

## 部门规章、规章性文件与解读

## 地方司法文件与解读



## 司法实务问题研究

## 新类型疑难案例选评

## 《民法总则》条文理解与适用

## 最新立法司法动态



## 建设工程施工合同司法解释专辑

# 《最新法律文件解读》丛书

## 稿　约

《最新法律文件解读》是一套以为最新法律规范提供同步“解读”为主的系列丛书，分为刑事、民事、商事、行政与执行4个分册，按月出版。

本丛书以“解读”为重点，突出全、专、新、快、准等特点，通过对最新出台的法律、法规、司法解释、部门规章以及重要地方性法规进行同步动态解读，弥补了法律、法规、司法解释汇编类出版物没有同步阐释、解读内容的不足，为广大读者学习理解最新法律规范，正确贯彻执行法律文件，及时解决实践中的新情况、新问题，提供一个全方位、多层面的法律信息平台。

欢迎您向以下栏目赐稿：

**【最新法律文件解读】**主要是对最新颁行的法律文件进行解读，帮助司法和执法人员正确理解法律文件的立法背景、意义、重点内容、在适用中应注意的问题、与相关法律文件的衔接与互动关系等等。

**【司法实务问题研究】**主要刊登对司法理论、实务及司法管理工作中的热点、疑难问题进行研究及评论的文章。

**【新类型疑难案例选评】**主要是对司法和行政执法实践中具有典型性和代表性的疑难案例，结合具体案情以及审理或处理结果进行简练精辟的点评，解析认识问题的方法、处理问题的法律依据和在个案中的具体适用。

**【法学前沿与新视点】**以摘要的形式刊登相关法学理论研究的最新动态及具有代表性和典型性的前沿问题，扩展法学研究的深度和广度。

**【法律适用问题解答】**主要针对司法和行政执法实践中面临的新问题、热点问题、疑难问题进行简要的解答，指出涉及的法律关系，明确法律适用依据。

稿件一经刊用，即付稿酬，稿酬从优。


《刑事法律文件解读》　姜　峤　邮箱：bj85250573@126.com

《民事法律文件解读》　丁丽娜　邮箱：dlnlaw@163.com

《商事法律文件解读》　路建华　邮箱：shangshijiedu@126.com

《行政与执行法律文件解读》　张　奎　邮箱：271717306@qq.com


**人民法院出版社**

**《最新法律文件解读》丛书编辑部**